Inácio de Antioquia

Mestre e Mártir

Prof. Dr. ANTÔNIO SAGRADO BOGAZ

Inácio de Antioquia

Mestre e Mártir

A história, o contexto e texto
da vida e das cartas de Inácio de Antioquia.
Uma hermenêutica para nossos tempos!

COLEÇÃO
PADRES DA IGREJA

EDITORA
SANTUÁRIO

Dados Internacionais de Catalogação na Publicação (CIP) de acordo com ISBD

B674i Bogaz, Professor Doutor Antônio Sagrado

Inácio de Antioquia – mestre e mártir: A história, o contexto e texto da vida e das cartas de Inácio de Antioquia. Uma hermenêutica para nossos tempos / Professor Doutor Antônio Sagrado Bogaz. - Aparecida : Editora Santuário, 2024.
120 p. ; 14cm x 21cm.

Inclui índice e bibliografia.
ISBN: 978-65-5527-429-5

1. Religião. 2. Cristianismo. 3. Cartas. 4. Inácio de Antioquia. I. Título.

CDD 240
2024-1623 CDU 24

Elaborado por Odilio Hilario Moreira Junior - CRB-8/9949

Índice para catálogo sistemático:
1. Religião : Cristianismo 240
2. Religião : Cristianismo 24

1ª impressão

Rua Pe. Claro Monteiro, 342 – 12570-045 – Aparecida-SP
Tel.: 12 3104-2000 – Televendas: 0800 - 0 16 00 04
www.editorasantuario.com.br
vendas@editorasantuario.com.br

A PROFÉTICA DE INÁCIO DE ANTIOQUIA

"Escrevo a todas as Igrejas e insisto junto a todas que morro de boa vontade por Deus, se vós não me impedirdes. Deixai-me ser comida para as feras, pelas quais me é possível encontrar Deus. Sou trigo de Deus e sou moído pelos dentes das feras, para me encontrar como pão puro de Cristo. Não é como Pedro e Paulo que vos ordeno. Eles eram apóstolos, eu, um condenado; aqueles, livres, e eu até agora escravo. Mas, quando tiver padecido, tornar-me-ei alforriado de Jesus Cristo e ressuscitarei nele, livre. E coisa alguma visível e invisível me impeça que encontre Jesus Cristo. Fogo e cruz, manadas de feras, quebraduras de ossos, esquartejamentos, trituração do corpo todo, os piores flagelos do diabo venham sobre mim, contanto que encontre Jesus Cristo."

Carta aos Romanos, 4-5

Mártir é o cristão consciente do projeto do Reino de Deus,
que vive pelos irmãos e, se preciso, morre por eles.
Dedico esta obra aos mártires do cotidiano,
que vivem pela evangelização,
lutam pela paz e partilham o pão.
São os fiéis de tantas comunidades.
Oferto esta obra particularmente aos fiéis das Paróquias
Santo Antônio da Granja Viana de Cotia, SP,
Nossa Senhora da Saúde de Rio Claro, SP, e
Paróquia Nossa Senhora Achiropita de São Paulo, SP.

Festa da Mãe de Deus

PREFÁCIO

Voltar às fontes. Este é um princípio sempre presente quando pretendemos renovar os caminhos contemporâneos da vida da Igreja, em suas várias dimensões, quer dizer, sua vida litúrgica, suas expressões simbólicas e suas respostas às novas realidades do povo de Deus. Assim, todas as vezes que nossos pastores ouvem os apelos da história e querem renovar a identidade eclesial, suas referências são, impreterivelmente, as fontes bíblicas e as fontes patrísticas. Por certo, a referência bíblica é primordial, uma vez que buscamos os ensinamentos das revelações do próprio Jesus Cristo, Filho de Deus encarnado na história, os quais desvelam os mistérios de nossa fé.

Nas páginas bíblicas, os acenos fundamentais da doutrina cristã são revelados, experienciados e testemunhados pelos seguidores do Nazareno, que os vivem de forma genuína, envolvendo todos os primeiros que acolheram o chamado do Senhor e se fazem operários do plano de Deus na nova e eterna Aliança: restaurar na história o Reino de Deus.

Os primeiros discípulos abriram os portais das nações e dos povos e lançaram as "sementes do Verbo" para além das fronteiras da Palestina, por primeiro, depois do Oriente Médio, em seguida do Império Romano e, finamente, até os confins do mundo daqueles primeiros séculos de nossa era. Esses foram os conhecidos "padres e mães da Igreja", os quais, enfrentando as masmorras da perseguição, da humilhação e do martírio, traçaram os caminhos da tradição cristã, elaborando seus ritos, explicitando suas doutrinas e esboçando a ética e a eclesiologia da Igreja dos primeiros séculos.

Nosso autor, Prof. Dr. Pe. Antônio Sagrado Bogaz, tem se dedicado, há décadas, ao estudo, aprofundamento e à docência desse período tão fecundo da vida cristã, quando as comunidades primitivas desabrocharam, floresceram e geraram frutos, transformando o rosto da humanidade, com a proposição da fraternidade, solidariedade e caridade, como legitimação da verdadeira fé em Jesus Cristo.

Podemos perceber que a visão de universo, aportada na história pelo cristianismo e seus seguidores, renova nosso olhar, integrando a pessoa e a comunidade, dentro de um humanismo de respeito aos povos e a seus fiéis, em suas características religiosas e culturais. Vale notar que algumas obras de autoria do Prof. Antônio Sagrado Bogaz formam a base deste importante livro sobre a vida e obra do mártir Santo Inácio de Antioquia. Entre inúmeros artigos acerca do "Período Patrístico", destacamos duas de suas obras importantes: "Patrística: caminhos da Tradição cristã" (Paulus, 2016) e "Vocabulário Teológico. Dicionário de Patrística" (Paulinas, 2022). Indicamos, também, alguns filmes sobre personagens desse período (São Tarcísio e a Igreja de Roma, Santa Luzia e o martírio entre outros).

Dentro desse contexto, descobrimos as páginas sobre Santo Inácio, que descrevem dados importantes de sua história e que nos levam a compreender seu itinerário histórico e místico. O posicionamento dentro da literatura dos demais Padres

Apostólicos, entre eles, Clemente de Roma, Policarpo de Esmirna e o Pastor de Hermas, serve para entender os conflitos e as opções da Igreja nas primeiras décadas do segundo século, quando a perseguição dos judeus e dos romanos se acirrou para tentar destruir ou demolir o edifício religioso e eclesial da Igreja nascente.

Por certo, a hagiografia do Santo Siríaco é impressionante, pois suas obras – as Cartas – revelam seus atos derradeiros, suas lutas intraeclesiais e, nas entrelinhas, os primeiros traços da doutrina cristã, que serão definidas mais tarde como nossos "símbolos apostólicos". Todas as cidades que mereceram suas missivas tornaram-se referência espiritual e apostólica para Inácio de Antioquia. Em todos os casos, notamos uma devoção verdadeira pelos cristãos, passíveis de perseguição e morte. Ao mesmo tempo, a simplicidade dos pastores e sua autoridade evangélica exigem reverência e obediência de todos os fiéis.

Naqueles tempos, não era tão difícil prestar essa reverência, pois os pastores eram simples e dedicados às comunidades e, facilmente, as primeiras vítimas nas filas dos mártires. Ainda, ouso dizer que é um tema importante para nossos tempos, em que o "vírus da divisão" se veste de grande conservadorismo legalista, promovendo rupturas e espalhando as cizânias dos cismas.

Na apresentação dos vários pontos místicos e doutrinais presentes nas Cartas do caminho do martírio de Antioquia a Roma, como a unicidade divina, a identidade do Verbo Divino, a unidade de Cristo e dos cristãos e, como consequência, a unidade dos cristãos na Igreja, percebemos a atualidade do contexto histórico, da figura nobre do Santo e os preciosos ensinamentos que servem para iluminar as sombras que entristecem os verdadeiros fiéis de nossos tempos pós-conciliares.

Temos em nossas mãos mais uma obra de nosso pesquisador e professor Antônio S. Bogaz e temos certeza de que, nas páginas seguintes a serem lidas com espírito aberto e coração solícito, encontraremos a mensagem de Santo Inácio de Antioquia, um santo de nossa Igreja, um evangelizador missionário e um profeta de todos os tempos.

Pe. Sérgio Carrara, C.Ss.R.
Doutor e pós-doutor em teologia pela Faculdade Jesuíta de Filosofia e Teologia de Belo Horizonte (FAJE). Diretor e professor do Instituto São Paulo de Estudos Superiores (ITESP), em São Paulo.

APRESENTAÇÃO

Compreender nosso itinerário histórico e místico

Inácio de Antioquia, um santo, um mártir e um evangelizador da Igreja, deixou em suas Cartas os mais elevados ensinamentos para os seguidores do Nazareno de seu tempo e para os cristãos de todos os tempos. Um dos principais integrantes do núcleo dos Padres da Igreja, denominados como "Padres Apostólicos", escreveu cartas pastorais que expressam com grandeza a compreensão trinitária, cristológica e eclesiológica de seu tempo, como um dos principais exponentes dos escritores cristãos de seu período, na passagem do primeiro ao segundo século da Igreja.

Seus textos, como os textos dos Padres Apostólicos, em geral, dos quais é um integrante verdadeiro, não são longas exposições de teoremas e elucubrações teológicas, mas são textos pastorais, com o propósito de organizar e elevar a comunidade cristã nos difíceis tempos martiriais de nossa Igreja, sob a ferocidade dos imperadores e dos governantes romanos. Seus escritos representam um testemunho existencial de sua experiência religiosa, que se deu na convivência com seu povo antioqueno, suas pregações e celebrações eucarísticas, a evangelização e os ritos batismais e, particularmente, seu enfrentamento corajoso diante do Império Romano, nos tempos cruéis de Trajano, um grande imperador, no sentido militar e na expansão do Império. Em seu período (98 a 117 d.C), o Império atingiu sua maior extensão territorial, quando os cristãos foram vítimas de uma perseguição local (DROBNER, 2008, p. 57-58). Esse Imperador enviou Plínio, o Jovem, à Bitínia e, por correspondência, decidiu que os cristãos não fossem tratados como criminosos ou sacrílegos, porém, quando acusados, deveriam ser punidos e mortos. O texto apresenta uma discussão sobre a condenação ou absolvição dos cristãos, como relatou Plínio ao Imperador: "Entretanto, o método que tenho observado com aqueles que têm denunciado a mim que são Cristãos é o seguinte: eu lhes pergunto se são Cristãos; se confessarem, repito a pergunta mais duas vezes, acrescentando a ameaça de punição capital; caso eles ainda perseverem, eu os ordeno à execução" (Carta de Plínio a Trajano, X, 97).

Sucintamente, recordamos que Inácio apresentou o Senhor, morto na Cruz algumas décadas antes, como a vida dos cristãos e a fonte de todos os ensinamentos para nossa existência humana e religiosa. A unidade da pessoa de Cristo, em comunhão substancial com o Pai, estende-se em nossa união com Ele, ao qual nos unimos em sua carne, em sua história, em sua paixão dolorosa e em sua morte e ressurreição.

Neste processo de itinerário desse Santo mártir, adentramos em seu propósito mais relevante, diante das divisões internas da Igreja que se desabrochavam, que é a interação entre a união com Cristo e sua Igreja. Se nos unimos em Cristo, pertencemos à Igreja, por um lado; de outra feita, se nos unimos à Igreja, somos unidos em Cristo. Essa simbiose de fé, unindo o universo transcendental e a história, coloca-nos na unidade com o Cristo e sua Igreja, de forma que não podemos nos separar d'Ele, pois somos com Ele e por Ele vivemos no Pai, na unidade do Espírito, como fiéis da comunidade dos que creem. A ideia mestra de sua doutrina é a unidade, seja a unidade divina, Deus uno e trino; a unidade das naturezas de Cristo, que une os cristãos ao Cristo; e a unidade da Igreja, sob a proteção e o poder episcopal (HAMMAN, 1995, p. 22).

Nesse itinerário, encontramos um Padre da Igreja primitiva, além de um grande escritor, sutil e profundo, um cristão que nos fascina pelo testemunho da fé. Seu serviço apostólico se realiza em uma grande metrópole de seu tempo, em que o cristianismo foi fecundo, deu grandes mártires para a Igreja e uma comunidade profética e coerente com sua opção cristã original. Por sua elaboração literária, como cartas escritas em momentos específicos da Igreja nascente, suas informações servem para elaborar um quadro da história da Igreja antiga, em seus alvores. Ao mesmo tempo, revela a forma de viver dos que aderiam a fé e se entregavam a Jesus Cristo, como Senhor absoluto, e, nessa motivação, acolhiam nova forma de viver, suportando as adversidades, mesmo as mais cruéis. O conhecimento dos primeiros passos da Igreja, que se seguem depois do martírio dos Apóstolos de Jesus Cristo, deve-se aos Padres Apostólicos, particularmente Clemente Romano e Inácio de Antioquia. A Carta de Clemente Romano aos cristãos de Antioquia acredita-me, pelos estudos das fontes, que é o primeiro escrito dos seguidores do Nazareno, quando João ainda vivia em Éfeso. A Carta manifesta o vínculo entre as duas comunidades (Antioquia e Roma) e a autoridade do epíscopo romano (HAMMAN, 1995, p. 20).

Em particular, o Mártir de Antioquia escreveu cartas muito ricas em detalhes concretos que especificaram a situação da Igreja nos primeiros anos do século II, quando os cristãos eram perseguidos e, simultaneamente, passavam a adentrar outras paragens, libertando-se mesmo das resistências, dos hábitos e das fronteiras romanas. Com Inácio, as fronteiras passaram a se abrir para outros grupos humanos, vilarejos distantes, línguas diversificadas. Ao mesmo tempo em que a Igreja ainda estava imbuída das práticas religiosas e litúrgicas das sinagogas helenistas, passou a abrir-se para outras expressões religiosas e culturais dos povos que eram evangelizados (LEBRETON, 2005. II, p. 254). Sua formação em outros ambientes, que não o sinagogal, fez com que não se servisse com frequência das passagens bíblicas da tradição hebraica e, assim, fecundado em um ambiente pagão livre, acolheu mais genuinamente as sementeiras apostólicas do cristianismo nascente.

Nosso percurso será traçado por uma explanação do contexto social, político e religioso, em que a atividade, ação e testemunho inacianos foram fecundados, além de sua formação literária e suas características. Inácio de Antioquia pertence a um universo que se expande e revela a grandeza de nomes que abraçam o cristianismo herdado dos apóstolos e os semeiam em ermos mais diversificados. Com ele, podemos conhecer o genuíno pensamento cristão, fecundado em territórios austeros, mas florescentes do cristianismo.

Seu pensamento e sua carismática serão conhecidos no percurso de sua própria história, que sempre foi elevada na vida e na liturgia da Igreja, uma vez que sua devoção sempre engrandeceu as comunidades, desde os primórdios. Por sua formação literária e filológica, podemos compreender seu estilo e, por seu caminho profético na direção do patíbulo do martírio, descobrimos suas virtudes e seu heroísmo, silencioso e de grande vigor.

Sobretudo, nossa descrição hagiográfica será engrandecida pelos ensinamentos inacianos que, na mais tenra descrição das figuras sagradas do cristianismo, apresentam-nos os primeiros elementos constitutivos da fé cristã, com a unidade divina, a divindade e a humanidade do Filho, a estrutura hierárquica e espiritual da comunidade de fé em seus primórdios, sua vida celebrativa e as exigências da conversão dos neófitos.

Dentro dessa compreensão do Santo Inácio, Mártir, haveremos de descobrir novas representações eclesiais para nossos dias e penetrar as razões mais profundas de sermos seguidores do Nazareno, na doutrina, na evangelização e na forma de existir no mundo conturbado de nossos dias.

I

INÁCIO DE ANTIOQUIA ENTRE OS PADRES APOSTÓLICOS

Os Padres Apostólicos gozam de uma prerrogativa muito importante, pois representam um laço entre os apóstolos de Jesus e a formação das comunidades. Eles constroem a comunidade cristã dos primeiros momentos da expansão do cristianismo, quando passam a constituir uma comunidade eclesial genuína, com suas prerrogativas particulares da fé em Jesus Cristo, na concepção de um Deus Trinitário, que se desvendará, aos poucos, na vida litúrgica e se aprofundará nas discussões doutrinais. Os grandes centros do cristianismo estão se formando, aos poucos, e sendo elevados à condição de patriarcados, com uma estrutura eclesiástica que definirá toda eclesiologia dos praticantes da fé cristã. Os Padres Apostólicos estão nos primeiros momentos da eclesiogênese do evento Jesus Cristo. Se a Babilônia do Império, Roma, anotada pelos próprios textos das Cartas Paulinas e por aquelas Pastorais (1Pd 5,13), em referência à Babilônia de Nabucodonosor II, que levou os hebreus para o cativeiro, para estender o território de seu Império, aproximadamente em 605 a.C. (Jr 52,28-30), é o centro político das comunidades dos apóstolos, Antioquia torna-se o núcleo mais elevado da vivência da fé cristã. Se, naquela metrópole, governada por um colégio de presbíteros, do qual Clemente de Roma é o guia principal, nesta cidade, encontramos Inácio, seu pastor levado ao martírio. (DANIELOU-MARROU, 1973, p. 101). Sua ascendência doutrinal é Pedro, a referência mais importante dentro dessa eclesiogênese. Essa relação epistolar é comprovada pela Carta aos Romanos, quando afirma que escreve não como os apóstolos, mas como seus discípulos.

Inácio representa, entre os Padres Apostólicos, aquele que mais se aproxima das características dos mesmos apóstolos, tanto em sua vida cotidiana e em sua mensagem epistolar, dando elementos da história das comunidades, quanto em sua compreensão e interpretação teológicas. Da mesma forma que os Padres Apostólicos, o Padre siríaco dá um sentido cristão aos cultos dos mistérios, que se realizam em Jesus Cristo, dentre eles a confissão em um Deus pessoal, vivo e encarnado, a redenção dos pecados e a salvação, a esperança escatológica na ressurreição, a integração entre a transcendência e a imanência e o sentimento de que Deus, por Jesus Cristo, caminha conosco (MONDONI, 2014, p. 41).

1.1. Contexto político e eclesial das décadas de Inácio

O contexto de Inácio de Antioquia é muito peculiar, considerando a realidade dos cristãos naquele período. Desde os tempos mais antigos do Império Romano, cujo ponto de partida é a ascensão ao poder do Imperador Otávio Augusto (27 a.C.), os assaltos aos povos foram graduais e atrozes. Não foi diferente com o cristianismo, quando se organizava como um movimento transformador da mentalidade e da estrutura social daquele período. Considerado uma ameaça para a conjuntura romana, à medida que crescia a adesão dos cidadãos, dos mais simples aos mais letrados, dos mais pobres aos mais abastados, os poderosos do Império passaram a considerar a comunidade religiosa dos seguidores do Nazareno um perigo para seus interesses e privilégios. A organização de um vasto território, que durou séculos e tinha o formato ditatorial de poderes centralizados pelo Imperador e seu senado, sempre à sua mercê, até que se rebelasse e o destituísse, foi sempre a lógica cíclica de tal estrutura antiquíssima. Em verdade, desde a ascensão de Otávio ao ponto máximo da autoridade, sobrinho e herdeiro de Júlio César, assassinado em 27 a.C., o poder se centralizou e não suportou mais outras participações nas estruturas governamentais. O título de "Princeps" dado ao Imperador Otávio e notificado pelo senado, implica reconhecê-lo como "augusto", ou seja, o "venerável". A organização imperial está bem estruturada, como podemos notar pelas descrições históricas. "O Direito Romano era o grande responsável pela solidificação deste Império. Todos os povos submetidos a Roma seguiam a lei romana, mas tinham liberdade de manter sua própria cultura, costumes, festas e a própria religião. O imperador Augusto (27 a.C.-14 d.C.), no tempo de Jesus, levou a 'Pax Romana' (paz do direito) a todos os recantos do Império, construiu estradas para facilitar o deslocamento dos exércitos, a movimentação comercial e a circulação de pessoas. A facilidade de locomoção foi propícia para o cristianismo se expandir para além do judaísmo e, mais tarde, atingir todo o Império Romano" (BOGAZ-COUTO-HANSEN, 2017, p. 44).

O Senado e o Exército não eram mais contraposição ao poder imperial, mas sim sua legitimação, proteção e segurança. A inauguração da "Pax Romana" foi solidificada pela manutenção do poder imperial e habilitada a manter a ordem pelo poder de espada e guerras, garantindo a "ferro e fogo" a paz, que permaneceu por vários séculos, até o período de decadência, que se iniciou com a paulatina invasão dos povos bárbaros. Nesse período, despontou-se a paz, depois de séculos de perseguição atroz. Dionísio escreveu cartas revelando esse tempo de paz para todos os cristãos, nas seguintes palavras: "levo a teu conhecimento, irmão, que as Igrejas do Oriente e outras ainda mais distantes, outrora divididas, acham-se agora unidas; os bispos por toda parte têm iguais sentimentos e alegram-se em extremo com a paz alcançada contra todas as expectativas" (EUSÉBIO DE CESAREIA, 2000, p. 344). Fala-se da "pax intra ecclesia", superando as heresias de Novato, mas também uma trégua da perseguição imperial.

Esse é o período em que se encerra o cristianismo nascente e, dentro dessa conjuntura social e política, podemos compreender a perseguição e a atrocidade contra os cristãos, desde que se despontaram como uma força crescente na sociedade romana. Nesse universo, encontramos a figura dos Apóstolos e dos Padres Apostólicos, entre eles a figura eminente de Inácio, em Antioquia, bem como outras lideranças religiosas dos cristãos, todos ameaçados pelo martírio. A rejeição dos cristãos aos imperadores, que exigiam um culto a si mesmos, semelhante aos deuses, provocava a ira dos poderes imperiais e desencadeava as perseguições. Os arcos para perpetuar os triunfos nas guerras, os edifícios com frontispícios bajuladores e os cultos nos templos pagãos não eram assimilados pelos que professavam a divindade do Deus revelado por Jesus Cristo. Todos esses trejeitos do poder constituído não eram assumidos pelos cristãos, que se tornavam, por assim dizer, opositores do Império. Como os povos que não assumiam a cidadania romana, por serem rebeldes a seu sistema de castas, divididas em patrícios, plebeus e escravos, os cristãos eram punidos com pesadas cargas tributárias e limitação nos bens públicos. Os tributos pesavam sobre eles e aumentavam, desse modo, o abismo entre os poderes imperiais e os neoconvertidos. No entanto, em vez de diminuírem, cresciam em número e em nível social, econômico e intelectual.

Precisamos considerar que, nas primeiras décadas de sua ação eclesial, a Igreja não representava uma realidade sociológica capaz de suscitar problemas ao Império Romano. Foi por ocasião da questão judaica que os funcionários romanos iniciaram a perseguição aos seguidores do Nazareno, que, como temos entendido, no ano provável de 42, passaram a ser constituídos como uma comunidade específica, os cristãos. De fato, as primeiras perseguições aconteceram aproximadamente no ano 64, quando Nero tomou medidas persecutórias contra os cristãos (DANIELOU-MARROU, 1973, p. 101).

Inácio viveu em um período violento da perseguição romana, sobretudo nas regiões controladas pelas forças senatoriais, que representavam maior ameaça ao poder centralizador e, além disso, eram imputadas com grandes impostos, forte repressão das milícias romanas e poucos benefícios sociais, como aquedutos, estradas e serviços de manutenção de seus edifícios. Existiam dois caminhos para os povos conquistados, a incorporação na estrutura romana ou a rebelião, pela força das manifestações sociais ou da religião. Nesse campo, congregaram-se os cristãos que se uniam pelos ideais da liberdade e da igualdade e rejeitavam a dominação imperial em sua vida pessoal e na cidadania social. A incorporação desses povos, mesclando seus costumes e suas línguas originárias, foram a base das várias nações que compuseram as etnias que se distinguem, até nossos dias, no grande continente europeu, sobretudo ao longo da bacia do Mediterrâneo. Inácio é considerado um importante elo que possibilita o encontro e a afinidade entre as Igrejas da Ásia e do Ocidente cristão, como se fosse uma ponte, cujas características comuns permitem unificar o cristianismo, como comunidade de fé universal (MORRESCHINI-NORELLI, 1992, p. 162).

O evento Jesus Cristo, que se iniciou como uma pequenina labareda em um campo distante e profundo daquele imenso Império, provocou uma impressionante revolução, que se alastrou silenciosamente aos diversos e longínquos campos de seu território, até se aproximar paulatinamente de seu cérebro nuclear e provocar convulsões sociais, seguidas de perseguições. Mais que a profissão de fé monoteísta, a prática cristã dos tempos de Inácio representou o protesto contra a divisão de castas, as injustiças sociais e a exploração dos plebeus e dos escravos. Ao lado das crenças provindas das pregações dos Apóstolos, os convertidos esperavam a reestruturação da sociedade de forma mais igualitária e fraterna. No tempo dos Padres Apostólicos, entre eles citamos Inácio na região do Oriente Médio, os seguidores do Nazareno proliferavam em todas as partes do Império. Para tanto, considerar o cristianismo um "collegium illicitum" fez dos neófitos um grupo social proscrito pela lei e passível de perseguições, confisco de bens e morte.

O caminho percorrido por Inácio em sua trajetória de Antioquia, na Síria, até Roma, revela os domínios do Império Romano e as cidades onde se situavam as comunidades cristãs, sendo expressivas como modelos do cristianismo que plantavam suas primeiras raízes na extensão do Império. O contexto social e político desse "Apóstolo dos apóstolos" possibilita-nos maior compreensão de sua trajetória pessoal, sua ascendência eclesial e a realidade dos cristãos na passagem do primeiro para o segundo século, quando conheceram dias de glória e, ao mesmo tempo, de sofrimento e perseguição. As cartas de Inácio, bem como todos os textos intercambiados entre os líderes das comunidades, fortaleciam os laços das primeiras comunidades, consolidavam a unidade eclesial e aprofundavam sempre mais as doutrinas que fundamentavam a consagração batismal em Jesus de Nazaré, o Messias verdadeiro da humanidade.

1.2. Inácio e o estilo literário dos padres apostólicos

A contribuição dos padres apostólicos é fundamental para compreender o cristianismo em seus primeiros albores, quando as comunidades se despediam dos primeiros seguidores de Jesus Cristo e seguiam por vias desconhecidas, descobrindo formas linguísticas e simbólicas para compreender e divulgar a fé cristã, dentro desse seguimento. Inácio fez parte desse grupo de pastores que vivenciaram a experiência dos primeiros cristãos entre a perseguição e a composição de novas comunidades cristãs. Não é difícil reconhecer o estilo literário dos Padres Apostólicos, particularmente o estilo coloquial de Inácio, cujos escritos são expressivos e familiares, como se estivessem dialogando com pessoas da família e compreendendo juntos o sentido do cristianismo, da Igreja e seus ensinamentos. Inácio escrevia como se estivesse em um grupo de neófitos que apresentavam suas dúvidas e suas questões, em busca de elucidação. Os anos foram bastante restritos, apenas algumas poucas décadas na passagem do século I ao século II, em várias regiões onde a evangelização conquistava novos adeptos e, prematuramente, muitos morriam pela causa de Jesus Cristo. Tendo convivido com os apóstolos em suas aventuras evangelizadoras, testemunharam suas pregações, a fundação de tantas comunidades e os desafios para a implantação da fé cristã em territórios hostis e desconhecidos.

As obras de Inácio, por certo mais que as demais obras dos grandes escritores daquele período, por serem descritivas e direcionadas às diversas comunidades e situações, apresentam maiormente a realidade dos cristãos naqueles anos cruciais do desenvolvimento das igrejas que eram fundadas. No início, esses padres-pastores, dos quais fez parte Inácio, eram conhecidos como "Homens Apostólicos", até que, no século VI e, sobretudo, a partir do século XVII, passaram a ser alcunhados como "Padres Apostólicos".

O estilo literário desses Padres apresenta vários gêneros e apontam questões e temas, como veremos nas cartas de Inácio, como a doutrina da fé cristã, a organização da Igreja, a relação com o judaísmo e o paganismo, a ética e o pecado e, largamente, os sacramentos e a Eucaristia. Podemos considerar esses autores como uma ponte entre o Novo Testamento e os Padres da Igreja. Poderiam alguns deles estar entre os livros canônicos do Novo Testamento, não fossem as condições e as características dos livros bíblicos.

1.3. Inácio e os grandes temas da comunidade cristã

Inácio está dentro de um contexto bem específico, em que é fundamental enfrentar a perseguição aos cristãos e a organização estrutural das comunidades em si e entre si, ao mesmo tempo que é preciso iluminar os cristãos diante das contendas na compreensão e definição dos elementos constitutivos da fé dos seguidores do Nazareno. A partir de cada momento em que surgem as discussões, os pastores são convocados a responder e delinear as verdades fundamentais, para evitar os grandes conflitos, e as divisões, e rupturas dentro da comunidade.

Um dos temas mais destacados nos escritos de Inácio de Antioquia é a composição e a legitimização da hierarquia da Igreja, que afinal foi um debate que perpassou sua história e sempre se renovou, conforme ela foi se estruturando.

Nos tempos primitivos, quando a integração da Igreja como um todo e das igrejas particulares era muito difícil, seja pelas distâncias, seja pela pouca comunicação e precariedade estrutural das comunidades, sempre na eminência de perseguições, as regiões eclesiais desenvolveram hierarquias particulares, com diferentes características e distinções de poderes. Somente no decorrer dos séculos e, particularmente, com a força dos Concílios Ecumênicos, que pretendiam congregar todas as grandes sedes, foram-se padronizando os governos dos patriarcados e suas comunidades menores. Muito cedo, a Igreja de Roma assumiu poderes supra patriarcais, respondendo a questões das demais Igrejas patriarcais e definindo o "Múnus Petrino". Situação clássica dessa ascendência eclesiástica romana é a Carta que Clemente de Roma escreveu aos cristãos de Corinto, para tentar resolver um cisma interno, que envolvia o poder dos presbíteros e sua permanência em seus ministérios, contra sua deposição levada a termo pelos novos presbíteros.

Em um texto exemplar e antológico, Clemente conclamou para a unidade, em uma motivação psicológica, reclamando os primeiros tempos da comunidade, em que reinavam a paz e a harmonia. Apresentou uma solução, pela qual os presbíteros depostos pudessem retomar seus postos e reconduzir a comunidade ao modelo apostólico (BOGAZ, 2022, p. 288). Inácio defendeu em seus escritos a definição de autoridade que legitima a sucessão apostólica. Nessa concepção, os bispos são herdeiros dos Apóstolos, com poder de jurisdição em suas igrejas particulares. Ainda que seja um tema muito discutido sobre aquele momento histórico, a postura de Clemente de Roma, em geral, testemunha a intervenção do Bispo de Roma sobre os demais territórios eclesiásticos.

Nos textos de Inácio, essa postura é definida com maior clareza, uma vez que o exercício episcopal se tornou monárquico e os presbíteros, servidores de seu ministério nas comunidades dependentes. Os diáconos eram assistentes pessoais do mesmo epíscopo, como forma de manter a unidade e evitar os cismas.

Por certo, menos incisivo que o tema da organização eclesiástica da Igreja, os padres refletiam sobre a relação entre o judaísmo e o cristianismo, uma vez que essas duas comunidades religiosas se encontravam em fase de confronto; os padres se preocuparam em determinar seus próprios ritos, ao mesmo tempo herdeiros, mas distintos dos ritos da tradição judaica. Houve muitas discussões sobre a leitura da Bíblia Hebraica, pois as duas comunidades tinham sérios confrontos, ainda que a perseguição dos poderes romanos mitigasse essas discussões.

Ainda que alguns dos textos dos Padres Apostólicos, como a Didaqué, tivessem assumido os ensinamentos éticos e os símbolos judaicos, tratando o Antigo Testamento como revelação "in nuce" (sombra, perfil) do Novo Testamento, Inácio confrontou a influência dos elementos judaizantes dentro da formação da tradição litúrgica e simbólica dos rituais cristãos. Foi uma voz importante na tentativa de constituir um patrimônio doutrinal e ritual a partir dos ensinamentos dos Apóstolos e sempre mais distantes das tradições dos próprios convertidos do judaísmo.

Entre tantos elementos peculiares a Inácio e aos demais Padres Apostólicos, encontramos a elaboração e lapidação dos rituais sacramentais. Inácio se preocupava com a vida sacramental da Igreja, deixando orientações específicas sobre o Batismo e a Eucaristia.

A redefinição do sentido sacramental na vida dos cristãos tornou-se um argumento fundamental para ele, pois, considerando que os rituais judaicos estavam no subsolo dos rituais cristãos, era necessário distinguir suas identidades próprias e apresentar o significado genuíno dos sacramentos cristãos.

Acredita-se que Inácio foi um discípulo do Apóstolo João, considerando, sobretudo, que seus escritos refletem a catequese e a mística joanina, principalmente sua visão sobre a Eucaristia. Ele conhecia também os escritos paulinos, que deixaram traços em suas cartas às Sete Igrejas.

Os escritos de Inácio foram dirigidos aos cristãos mais simples das comunidades e provavelmente eram lidos e refletidos nas assembleias. A linguagem é bastante compreensível por sua simplicidade, pois tem como interlocutor os próprios irmãos na fé, que seguiam o cristianismo e tinham como referência os textos bíblicos, sejam eles passagens do Antigo Testamento, sejam as narrativas e os textos escritos dos Evangelhos e das cartas dos mesmos Apóstolos. Seus textos eram límpidos e claros e não se serviam de construções filosóficas ou grandes raciocínios ou elucubrações. Eram reflexões nascidas a partir das experiências que tinham vivido em seu apostolado, preocupando-se com a formação fundamental dos neófitos. Como eram cartas que tocavam a realidade dos cristãos e suas situações concretas, não foram uma exposição metódica dos tratados da doutrina cristã, mas apontamentos que respondiam às questões primordiais do "ser cristão" em tempos de perseguição. Bem diversamente de nossos tempos, cujas reflexões dos temas teológicos são vertentes de escolas filosóficas, sociológicas ou antropológicas, Inácio apenas apontava os caminhos para compreender Jesus Cristo, sua identidade e seus ensinamentos.

Antes de tudo, cada carta reflete o sentimento diante das questões propostas, para iluminar a vida dos cristãos. Vemos exposições de temas da espiritualidade cristã, em que sua explanação é uma expressão da própria fé e do testemunho dos catequistas e evangelizadores. O conteúdo das várias cartas prioriza "sentir Cristo e testemunhá-lo com plena consciência, transformando a própria vida" (QUACQUARELLI, 1976, p. 8).

Cada uma das cartas de Inácio é motivada pela humildade e revela sua própria alma e sua capacidade de elevar-se a si mesmo e aos cristãos, dentro do mistério de Cristo. Para além de seu objetivo fundamental, que é a revelação do próprio Cristo, os textos apresentam os valores cristãos com profunda beleza artística, com uma prosa muito bem delineada, capaz de revelar seus sentimentos e envolver seus leitores.

Considerando o fato de que Inácio, tanto quanto os demais Padres, aprendeu dos Apóstolos, seus ensinamentos para a doutrina cristã manifestam plena continuidade à tradição dos ensinamentos recebidos do próprio Cristo. Não pertencem ao corpo bíblico, uma vez que foram escritos após o desaparecimento dos primeiros seguidores de Jesus, mas os temas refletidos são muito próximos da tradição, sobretudo joanina e paulina.

II

INÁCIO DE ANTIOQUIA VIDA E OBRAS

A obra dos grandes santos, mártires e pastores da Igreja revela sua grandeza em seu tempo, quando deviam enfrentar adversidades para exercer seu ministério. Não foi diferente a vida de Inácio, o santo de Antioquia. Um testemunho importante é encontrado em Eusébio de Cesareia, quando descreveu os últimos dias de Inácio, no fim de sua longa viagem na direção de Roma (EUSÉBIO DE CESAREIA, 2000, p. 139). Na obra histórica de São Jerônimo, o tradutor da Bíblia, encontramos importantes anotações sobre ele. Em seu importante trabalho, Viris Illustribus, aprendemos que "Inácio, terceiro bispo, depois do Apóstolo Pedro, na Igreja de Antioquia, foi enviado sob prisão a Roma, condenado às feras durante a perseguição do Imperador Trajano" (c. XVI).

Seu caminho foi por mar até Esmirna e, depois, seguiu passando por várias cidades, onde se encontravam as comunidades cristãs. Escreveu, como constatamos em sua trajetória, as sete cartas, que são testemunhadas por seu irmão no martírio, Policarpo: "seu conteúdo é de fé, de paciência e ainda de grande edificação a respeito de Nosso Senhor" (Policarpo de Esmirna. Primeira Carta aos Filipenses, 13).

2.1. Hagiografia de Inácio de Antioquia

As pregações e posturas políticas de Inácio nos fazem compreender seu caminho martirial. Seus posicionamentos diante do Estado, no governo de Trajano, que possuía forte instinto expansionista, tiveram como consequência sua condenação. Seu caminho foi extenso, difícil e, ao mesmo tempo, muito fecundo. Atravessou a Ásia Menor, no caminho para Roma, sob escolta policial romana. Na trajetória, ficou um tempo na Filadélfia, na Frígia e, daí, passou por Esmirna, onde encontrou Policarpo, que o acolheu por um breve período. Nessa localidade, foi visitado pelos Epíscopos (bispos) de Éfeso, Trália e Magnésia.

Conhecendo a situação das igrejas, por meio de seus pastores, escreveu cartas para seus fiéis. Anunciou sua chegada, em uma carta aos cristãos de Roma. Depois de Esmirna, seguiu na direção de Trôade e, em sua estadia nessa cidade, escreveu para os cristãos da Filadélfia e de Esmirna. Escreveu uma carta particular a Policarpo, talvez a mais pessoal de todas elas. Para a sorte de nossa herança histórica patrística, essas cartas foram conservadas até nossos dias. De Trôade partiu para Filipos, cidade da Macedônia, que foi mais uma conquista romana, naquele período.

As notícias não são claras depois de sua passagem por Filipos, mas, segundo Eusébio de Cesareia (EUSÉBIO DE CESAREIA, 2000, p. 334), "diz-se que morreu mártir em Roma". A prova mais evidente de seu martírio foi dada por Policarpo (Carta aos Filipenses, 9,2); foi ainda testemunhado por São Jerônimo e dado por outras informações provenientes de vários escritos da história da antiguidade cristã. Irineu de Lyon fez memória dele como exemplo de fidelidade para toda comunidade cristã daquele período de tanta perseguição (IRINEU DE LYON. Contra das Heresias, V, 28, 4.). A obra de São Jerônimo que assinalou o martírio do Santo de Antioquia o apresentou destemido e confiante na graça de Deus, no momento de sua páscoa definitiva, como testemunho para todos os cristãos e apoio para os perseguidos pelos algozes de Trajano (SÃO JERÔNIMO. *De viris illustribus*, 16. PL, 23, 632-635).

Inácio foi Bispo na cidade de Antioquia, um grande centro de tradições clássicas, eclesiais e teológicas do cristianismo. Grandes discussões da Igreja primitiva ocorreram na Escola de Antioquia, e importantes nomes marcaram a vida da Igreja nos primeiros séculos, dentro dessa comunidade.

A gênese do cristianismo em Antioquia remontou aos primeiros Apóstolos, especialmente Pedro e Paulo. Eusébio de Cesareia, em sua obra, atestou com precisão essa presença de Pedro em Roma, quando explicou que, "imediatamente depois, ainda no começo do Império de Cláudio, a Providência universal, boníssima e cheia de amor aos homens, conduziu pela mão a Roma, qual adversário deste destruidor da vida, o valoroso e grande apóstolo Pedro, o primeiro dentre todos pela virtude" (EUSÉBIO DE CESAREIA, 2000, p. 90). A Igreja de Antioquia foi sempre um referencial na Ásia Menor e era considerada uma "Igreja-Mãe" de todas as comunidades eclesiais da região.

Inácio era um ancião quando foi levado prisioneiro a Roma. Seu julgamento teve grande importância política e social, pois, sendo levado à capital do Império, pôde servir de exemplo para tantos cristãos que se aventuravam no martírio. Sua santidade tinha se tornado um testemunho para muitas comunidades cristãs. Incontável número de pessoas acompanhava sua viagem e o procurava para orientação e conforto em suas próprias dificuldades. Também ficou conhecido por sua personalidade firme e segura, capaz de se sensibilizar diante da triste realidade dos cristãos, mas também agir com coragem em sua profecia diante dos adversários.

Como vimos, o período da viagem e do martírio de Inácio foi considerado um dos mais grandiosos da história do Império. O governo de Trajano elevou ao ápice as fronteiras do Império e inaugurou a fase de maior desenvolvimento estrutural das regiões conquistadas. Seu governo não admitia contraposições e intrigas, e seus governantes locais se apressavam em apagar pequenos focos de resistência ou divisões dentro de seus domínios. As cartas de Plínio, o jovem, legaram muitas informações sobre seu período e sua atuação diante dos cristãos. Gozando de grande popularidade, sustentada por espetáculos e edificações, como o Fórum Romano, pôde atacar os cristãos sem perder sua popularidade entre as turbas. Nesse sentimento de proteção e testemunho aos cristãos, Inácio não hesitou diante de seu martírio. Apresentamos o relato de Eusébio, que narrou o sentimento de Inácio: "Perdoai-me, sei o que me é vantajoso. Agora começo a ser discípulo. Nada mais desejo das coisas visíveis e invisíveis, a fim de alcançar Jesus Cristo: fogo, cruz, ataques de feras, ossos desconjuntados, membros amputados, corpo inteiramente esmigalhado, suplício do diabo; tudo isso me sobrevenha, contanto que obtenha a Jesus Cristo" (EUSÉBIO DE CESAREIA: Cartas, L. X, 97).

Por certo, sua memória exalta um homem plenamente apostólico, nas virtudes, na pregação e no governo da Igreja. Ele é reconhecido como um verdadeiro pastor do rebanho de Antioquia.

2.2. Estilo literário de Inácio

Todos os estudiosos mais antigos da obra literária de Inácio insistem em afirmar que seus escritos são cartas e não epístolas apostólicas. Afirmam que elas são realidades bem distintas, pois a "epístola" apresenta uma composição mais intelectual, elucubrativa, com proposições explicativas em âmbito filosófico e teológico. São mais impessoais e fazem uso de argumentos racionais, como as famosas correspondências de Plínio, o jovem, ao Imperador Trajano, como citamos na questão da perseguição aos cristãos na Bitínia, importante região da Anatólia antiga. Nas cidades maiores, como vimos, formaram-se comunidades notáveis, que deram origem às Sete Igrejas, identificadas no Livro do Apocalipse (Ap 2), que também penetravam nas comunidades rurais, particularmente entre os mais simples da sociedade, como artesãos, comerciantes e escravos, e, de forma muito particular, no universo feminino (BIHLMEYER-TUECHLE, 1964, p. 69). Essa lista dos neoconvertidos não é excludente, pois também encontramos famílias nobres, cidadãos abastados e crentes cultos nas narrativas do Novo Testamento.

Por outro lado, os escritos de Inácio são muito pessoais, mesmo que não individuais, com exceção da Carta a Policarpo. Com textos mais livres, sem organização temática, fluem como se tratasse de uma conversa informal, respondendo às questões que estão em sua consciência e em seu coração. As explanações visam sempre a responder às dificuldades e problemáticas particulares, como a resistência aos perseguidores, as controvérsias doutrinais e, de modo muito recorrente, a harmonia comunitária.

Nesse sentido, diferentemente das Epístolas do Novo Testamento, particularmente das Paulinas, Inácio escreve de forma espontânea e assistemática, embora tenha usado um fio condutor em suas argumentações. Em verdade, as motivações de seus escritos advêm da convivência, ainda que fugaz, com as Igrejas da Ásia, no caminho que percorreu em direção a Roma. Certamente, a prova da caridade e a afeição de tantos fiéis, solidários em seu destino, levou-o a escrever para lhes agradecer e prepará-los igualmente para duras provações que estavam se agravando naqueles dias. Todos deveriam estar prontos, pois as perseguições eram sempre mais iminentes.

As expressões de seus escritos são carregadas de emoção e manifestam verdadeiramente sua coragem diante da sentença capital, proferida pelo Império. Suas palavras são clamores, um misto de dor e de esperança: "Meu parto se aproxima. Perdoai-me, irmãos. Não me impeçais de viver, não queirais que eu morra. Não me abandoneis ao mundo, não seduzais com a matéria quem quer pertencer a Deus. Deixai-me receber a luz pura; quando tiver chegado lá, serei homem. Deixai que seja imitador da paixão de meu Deus" (Inácio aos Romanos, 6,2-3).

A devoção e o amor que ele nutria pela igreja levaram-no a lutar por sua unidade, diante de tantas pequenas divisões entre grupos rebeldes e seus pastores. A unidade não tem preço e se paga por ela qualquer valor, renúncia e sacrifício.

Seu estilo espontâneo tem o propósito de testemunhar sua fé e seu enamoramento místico por Cristo a seus seguidores. Em composição livre e sem sequência de temas sistematizados, atinge seus objetivos, comunicando suas convicções e sua ânsia de evangelizar. Seus escritos possuem as características da retórica asiática, com frases curtas, tantas vezes com musicalidade e rimas, capazes de transmitir o conteúdo e, igualmente, a emoção dessas proposições.

Em suas narrativas, nota-se um estilo abrupto e mesmo irregular, porém marcado por um vocabulário muito vasto e muitas citações dos Evangelhos. Toda a sua retórica reflete, mais que tudo, a paixão de seus escritos que deixam transparecer o "fogo de sua alma", com manifestações vitais. Mesmo a expectativa do martírio não silencia sua vontade de viver, realizar muitas obras e converter tantos pagãos para o Cristo e sua Igreja.

Em todas as cartas, sobretudo, quando escreve aos cristãos de Roma, revela sua alma de fogo, em um pensamento eloquente e inquieto, que confirma suas convicções. Muitos estudiosos da Patrística, como A. G. Hamman, elogiam seu estilo literário, para além das regras das composições simétricas da poesia e da prosa, tão envolvente e apaixonante, que consideram como uma dádiva da literatura dos primeiros séculos cristãos. Sabemos que, vindo do paganismo, com acurada formação filosófica, ele conhece os processos da filosofia estoica e das retóricas de seus opositores (HAMMAN, 1995, p. 21).

Podemos considerar seus escritos e notar sua personalidade vigorosa e profética, capaz de fortes indagações e defesas de seus valores individuais, como cristão disposto a viver e morrer pela fé. Na introdução às Cartas de Inácio de Antioquia, Dom Paulo Evaristo Arns o considera um herói da fé, capaz de iluminar os cristãos ao longo da história (ARNS, 1970, p. 14).

Seus escritos são bastante originais, quando cria neologismos latinos, construção de frases com formas totalmente inovadoras e cortes sequenciais muito personalizados. Mais que desconhecimento das regras de sintaxe da língua grega que o Santo da Síria, ele se sente inflamado por suas convicções espirituais, e os textos são apenas formas e instrumentos para expressar seus sentimentos mais profundos.

Quanto às convicções, estamos diante de um santo que ama a igreja de Cristo; quanto às suas certezas, deparamo-nos com um homem disposto a tudo, até mesmo ao martírio, sem deixar de querer viver; e, quanto ao estilo, temos nos pergaminhos textos em prosa, que revelam os sentimentos de uma verdadeira poesia. Pela leitura na dimensão da espiritualidade, compreendemos que suas cartas não são tratados ou especulações teológicas, ainda que em seu bojo encontremos doutrinações, catequese e fragmentos temáticos da doutrina. Seu horizonte epistolar é o testemunho de um fiel convertido corajosamente, que acolhe o martírio e sabe seu destino. Expande-se o estado suave de um mártir, seguro de suas convicções e com preocupações de um pastor. Como um pai que, ao partir, admoesta seus filhos, ele consola, ilumina e admoesta seu rebanho e tantos rebanhos (LIÉBAERT, 2004, p. 25). Sua história é uma constelação de ensinamentos pastorais, relatos de perseguição e de sublimação transcendente dos acontecimentos históricos.

2.3. Crônica de uma vida

A vida de Inácio foi excepcional, marcada pela conversão, pela vivência de seu ministério, por seu pastoreio na grande metrópole de Antioquia, por sua missão epistolar e por suas viagens. A história do bispo e mártir é muito envolvente e importante, por ser um dos primeiros padres da Igreja primitiva. Sua grandeza se destaca como líder da Igreja de Antioquia, um núcleo marcante do cristianismo desde os tempos dos Atos dos Apóstolos, pois foi nessa cidade que os seguidores do Nazareno receberam, pela primeira vez, o nome de cristãos, como se apresenta na narrativa de Lucas: "E, quando o encontrou, levou-o para Antioquia. Assim, durante um ano inteiro, Barnabé e Saulo se reuniram com a Igreja e ensinaram a muitos. Em Antioquia, os discípulos foram pela primeira vez chamados cristãos" (At 11,26). Encontramos ainda expressões inestimáveis do cristianismo primitivo nessa importante cidade, pois Paulo, alguns anos mais tarde, retornou a essa comunidade, depois de sua passagem por várias cidades também importantes, como Gaza (At 8,26-39), Samaria (At 8,9-24), onde viveu o episódio de Simão, o mago, Cesareia (At 10,25.26), Damasco, lugar de sua catequese (At 9) e várias outras.

A importância dessa cidade siríaca é relatada em outras passagens, entre elas, a que mostra Ágabo profetizando sobre a fome (At 11,27-28). Nesse momento surgiu a discussão sobre a necessidade (ou não!) da circuncisão dos cristãos. Foi ainda nessa cidade que Paulo iniciou sua segunda missão com Silas, Barnabé e Judas Barsabás (At 15,22). De fato, a contribuição de Inácio para a vida da Igreja pode ser encontrada em seus valiosos escritos, principalmente nas cartas que escreveu às várias Igrejas, como vimos em seu itinerário de Antioquia até Roma, onde foi "entregue às feras". Ainda que não tenhamos registros de sua vida, anteriores à sua prisão, temos reminiscências de alguns relatos de historiadores um pouco posteriores aos acontecimentos.

Todas as suas cartas dão elementos implícitos de sua personalidade rigorosa e impressionante. Seus textos foram analisados com minúcia por estudiosos para compreender os fatos de sua vida. Alguns acontecimentos anedóticos, reportados pelos historiados e pelas crônicas, por vezes criativas e subjetivas, querem preencher as lacunas da biografia de pré-viagem do Mártir Siríaco.

2.4. Um encontro provável nas cenas bíblicas

Citamos uma dessas narrativas, tidas como "legenda martyria": "Em uma jornada memorável da última viagem de Jesus a Jerusalém, com os discípulos, quando discutiam quem era o mais importante, aconteceu um fato marcante. Naquele tempo, os discípulos ainda não estavam iluminados espiritualmente e ainda ignoravam as virtudes cristãs. Naqueles dias, quando Jesus estava em Cafarnaum, em uma família, os discípulos sentaram-se a seu lado. Enquanto Jesus ensinava maravilhas, Ele questionou 'De que é que vocês vinham tratando pelo caminho?'" (Lc 24,13-35). Temos aqui o início de uma narrativa legendária de grande importância para a história da Igreja dos primeiros tempos.

Naquele cenário, encontrava-se um menino de olhos brilhantes. Jesus chamou-o, deu-lhe um "ósculo paternal" e mostrou que era "das crianças o Reino dos céus" (Mt 18,3). A tradição apócrifa das primeiras décadas do Século II afirma que o menino poderia ter sido Inácio. Sua presença ao lado de Cristo significava a manifestação de seu amor e sua opção incondicional por Jesus e sua Igreja. Mesmo que não tenhamos documentos sobre sua infância e juventude, podemos encontrá-lo nas páginas da história, pois foi bispo de Antioquia, uma das sedes patriarcais mais importantes à época, juntamente com Roma. Outras narrativas não são registros da tradição histórica, mas, sobretudo, tradições orais que se transladaram através dos séculos.

A hagiografia bizantina o identificou com o menino que Jesus colocou no meio de seus discípulos, como exemplo para todos os cristãos, como se encontra no Evangelho de Mateus: "Jesus chamou uma criancinha, colocou-a no meio deles e disse: 'Em verdade vos declaro: se não vos transformardes e vos tornardes como criancinhas, não entrareis no Reino dos Céus" (Mt 18,2). Jerônimo, como podemos verificar em seus escritos, identifica-o como o discípulo do Apóstolo João. Ainda que sejam notícias hipotéticas, todos os estudiosos acreditam que, por sua cronologia e por seus conhecimentos doutrinais, sua história é muito próxima da dos Apóstolos (DROBNER, 2008, p. 57).

Retomando sua hagiografia, sabemos, pela tradição histórica, que foi discípulo de Pedro e João, com os quais aprendeu sobre a revelação de Jesus Cristo e junto aos quais compreendeu sua mensagem e desenvolveu fortemente seu amor incondicional pelo Senhor. A tradição também o apresenta como sucessor de Pedro na comunidade de Antioquia, como encontramos em Eusébio de Cesaria.

Acredita-se que conheceu o Apóstolo Paulo e aprendeu sobre a doutrina e a mensagem cristãs. Na trilha dos Apóstolos, com outros Padres Apostólicos, foi um dos bispos mais notáveis da Igreja nascente. Podemos citar os testemunhos de Policarpo de Esmirna, também Padre Apostólico, que o engrandeceu por sua santidade, sua coragem e sua sabedoria. Policarpo considerou Inácio um grande pastor da Igreja de Antioquia e um cristão autêntico.

João Crisóstomo igualmente fez a Inácio eloquentes elogios que foram registrados em seus escritos, exaltando o Bispo da Síria como uma luz para a Igreja das primeiras décadas do cristianismo. Seu apostolado no episcopado de Antioquia durou mais de 50 anos, com grande dedicação e testemunho, garantindo que essa Igreja patriarcal pudesse viver tempos dourados diante de Deus e fosse modelo para as demais comunidades eclesiais. O sacrifício dos mártires sempre foi glória e prestígio para a Igreja.

Ainda que não tenhamos descrições de seus tempos episcopais na Igreja antioquena, o registro de suas cartas elucida implicitamente suas virtudes e seu apostolado. A história de seus labores e suas virtudes não foi escrita, mas todas as particularidades de sua morte foram registradas por testemunhas oculares e distribuídas em várias igrejas. Em razão dessa tradição, esse Santo é admirado como um dos maiores Padres dos primeiros tempos do cristianismo e um modelo de santidade para nos guiar nos caminhos da virtude cristã.

2.5. O caminho do martírio

Um tratado histórico do caminho martirial do Santo siríaco pode ser traçado nos tempos de Trajano. Anos antes, segundo o testemunho de Tertuliano, Nero instituíra um instrumento jurídico para atuar contra os cristãos, denominado *Institutum neronianum* para aplicar a prescrição punitiva que determinou que "non licet esse christianos" (PIERRARD, 1982, p. 27).

Naquele momento, Evaristo era o Papa da Igreja de Roma, que, aos poucos, firmava-se como sede de toda Igreja cristã. Trajano, considerado um grande Imperador, que levou ao ápice as extensões do grande Império, foi protagonista de uma situação bastante controversa. Os historiadores o apresentam como uma figura bastante humanitária e que pretende unir as diversas etnias, estados e religiões em uma unidade social e política sob sua jurisdição imperial. Dentre todos os imperadores, conhecidos por suas truculências, beligerância e derramamento de sangue, ele era conhecido como um Imperador menos disseminador da violência e das guerras.

Tendo em conta, no entanto, que sob seu governo houve grandes perseguições aos povos dominados e aos cristãos, credita-se isso ao fato de ele ser disso dependente da opinião pública. Para agradar aos govenadores das Províncias, deixava-se dominar por seus interesses locais. Acredita-se que perseguia os cristãos para agradar às turbas e ser mais popular, pois aqueles eram acusados de ser ofensivos aos deuses do Império.

Nesse contexto o destino martirial de Inácio foi registrado. Pelo nome de Cristo, teria sido condenado, segundo os estudos hagiográficos, a morrer no circo, sendo levado, portanto, sob escolta, para ser dilacerado pelas feras. (DROBNER, 2008, p. 58). Quando se apresentou diante do Imperador Trajano, não se intimidou diante do perigo. O Imperador lhe perguntou, com agressividade: "Quem és tu, espírito ímpio e mau, que te atreves não somente a transgredir nossas ordens, mas também a aplicar-te em carregar outros contigo para um fim miserável?" A resposta de Inácio refletiu, com lucidez e coragem, suas convicções e sua segurança na fé em Cristo: "Os espíritos ímpios e perniciosos pertencem ao Inferno e eles nada têm a ver com o cristianismo. Tu não podes chamar-me de ímpio e mau, quando levo no coração o Deus verdadeiro. Os demônios tremem à simples presença dos servos do Deus a quem adoramos. Eu tenho Jesus Cristo, o Senhor universal e celestial, e Rei dos reis".

O interrogatório prosseguiu, e Inácio acabou revelando que servia ao Deus verdadeiro de Jesus Cristo, Criador de todas as coisas. Ao falar de Cristo, explicou ao Imperador que o Filho de Deus foi cravado na cruz e resgatou a humanidade das garras do pecado.

É bom salientar que a Carta de Plínio a Trajano é o mais antigo documento oficial que testemunha a perseguição aos cristãos (PIERRARD, 1982, p. 27).

2.5.1. Diálogos memoráveis

Diante da firmeza e convicção do Santo siríaco, Trajano, cheio de temor, mas, sobretudo, de orgulho, acreditava que libertar Inácio seria sinal de fraqueza diante das autoridades e do povo, pois queria agradar às multidões. Em sua mente, ceder aos apelos de Inácio e dos cristãos poderia provocar perda de popularidade e traição a seus deuses. Assim, na sequência do interrogatório, determinou a sentença contrária ao réu, determinando que fosse entregue às feras no anfiteatro, para divertir as turbas de Roma.

Sua sentença foi um triunfo das turbas anticristãs: "Ordenamos que Inácio, que afirma carregar consigo o Jesus crucificado, seja levado em cadeias à cidade de Roma" (ACTA DE LOS MÁRTIRES, 1987, 246).

Para admiração de todos os presentes, ao ouvir a sentença, caiu de joelhos e bradou em forma de prece. Suas palavras foram um louvor de gratidão a Deus, que o considerou digno de morrer pela fé em Jesus Cristo. Sentiu-se muito próximo do Mestre: "Senhor, agradeço-te haver-me honrado com o mais precioso sinal de tua caridade e permitido que eu seja acorrentado por teu amor, como foi o Apóstolo Paulo".

A narrativa do martírio é como que uma peça teatral, uma vez que trata os personagens e os acontecimentos de forma envolvente e emocional. Pela descrição, o Santo foi puxado brutalmente por um soldado que o algemou como um criminoso, quando, na verdade, seu crime foi servir a seu povo, socorrer os pobres e pregar o cristianismo.

Estava cheio de alegria. Como era comum com todos os mártires cristãos quando recebiam a sentença de morte, Inácio também não ofereceu nenhuma resistência. Rezando em silêncio, com o olhar voltado para o céu, foi levado para o cárcere. O povo se agrupou na frente do Palácio governamental, e muitos derramavam lágrimas e soluçavam em silêncio. O povo acompanhava seu pastor que era levado para o martírio, na grande capital do Império.

2.5.2. Patíbulo em Roma

As crônicas afirmam que o Imperador Trajano esperava que, com o martírio de Inácio e de tantos cristãos, o povo o louvasse por sua fidelidade e zelo pelo culto aos deuses. Almejava ainda que o povo não se convertesse ao cristianismo. No entanto a reação foi contrária, pois cresceu exponencialmente a quantidade de conversões, pela admiração à coragem dos cristãos, que suportavam o martírio por sua fidelidade a Jesus Cristo.

A paz de espírito de Inácio se revelou em todos os seus passos na viagem a Roma. Partindo de Antioquia, viajou para Selêucia e embarcou para Esmirna, onde se encontrou com Policarpo, que tinha grande fama de santidade por seu zelo com os cristãos. Inácio pediu para se encontrar com o Bispo de Esmirna e lhe foi concedido esse grande privilégio. Foi o encontro marcante de dois grandes personagens do cristianismo primitivo, dois mártires e dois santos.

Em períodos diferentes, viveram a mesma sorte. Inácio foi mártir no início do século II, provavelmente no ano de 107, enquanto Policarpo, ainda jovem naquele momento, foi martirizado décadas mais tarde, provavelmente em 167. Acredita-se que, em momentos diferentes, ambos foram discípulos do Apóstolo João, um em sua velhice e outro em sua juventude. Ambos podem ter mantido contato entre suas Igrejas, pois era comum que os mais jovens no episcopado procurassem conselhos com os anciãos.

Mesmo sem precisão nas datas, a viagem de Inácio pode ter durado em torno de seis meses, considerando que a carta aos Esmirniotas tenha sido redigida em 24 de agosto e seu martírio, segundo as crônicas, tenha sido no dia 20 de dezembro de 107. Na cidade de Pozzuoli, por onde Paulo passara em sua viagem a Roma (At 28), muitos cristãos foram se encontrar com o Bispo ancião, e se mesclavam sempre a tristeza da sentença martirial e a emoção diante do Bispo de Antioquia. Encontravam-se a tristeza da morte e a esperança da ressurreição.

2.5.3. Crônica do adeus

Na manhã de 20 de dezembro de 107, da era cristã, as turbas romanas, em grande emoção pelo espetáculo, esperavam os leões. Seduzido pelos governantes que acusavam os cristãos de traidores do povo e inimigos da ordem imperial, o povo apreciava as rodadas circenses de todos os tipos.

Inácio foi conduzido à arena, e eram visíveis em seu rosto a serenidade e a coragem, mesmo sendo um homem idoso e fragilizado. O Prefeito da cidade, provavelmente tocado por sua coragem e por figura tão frágil, tentou dissuadi-lo de sua decisão, na esperança de que, se ele renegasse a fé, pudesse obter clemência. Propôs-lhe a possibilidade de se sacrificar aos deuses, o que lhe permitiria suspender a sentença de morte. Foram estas as palavras do Prefeito: "Admiro-me que ainda estejas vivo, após toda a fome e o sofrimento que já suportaste. Consente pelo menos oferecer sacrifício aos deuses, para que sejas livre da horrível morte que te ameaça, e salva-nos do pesar de ter de condenar-te". Inácio respondeu com segurança e com desprezo: "Sabes tu que esta vida mortal não tem atração para mim, desejo ir a Jesus, que é o pão da imortalidade e a bebida da vida eterna... Desprezo todos os teus tormentos e lanço a teus pés tua liberdade oferecida".

Ouvindo isso, o prefeito ficou enfurecido e permitiu que sua condenação fosse consumada; ordenou que ele fosse entregue às feras, iniciando o espetáculo da arena. Foram recordadas suas palavras, que estavam registradas na Carta que escrevera aos Romanos: "Deixai-me ser comida para as feras, pelas quais me é possível encontrar Deus. Sou trigo de Deus e sou moído pelos dentes das feras, para me encontrar como pão puro de Cristo" (Carta aos Romanos 4,1).

A cena foi descrita de forma teatral, revelando a grandeza de seus gestos. Inácio se ajoelhou, cruzou os braços sobre o peito e olhou para o céu. Os próximos momentos ficarão para sempre na memória do povo. As feras entraram, e tudo estava consumado. Grande silêncio se fez na terra, e grande alegria, no céu.

2.6. A grande viagem e as cartas

O documento mais precioso para conhecermos a vida e as atividades pastorais de Inácio de Antioquia é a História Eclesiástica de Eusébio de Cesaria, o qual descreve que "naquele tempo, distinguiu-se na Ásia um companheiro dos Apóstolos, Policarpo, que fora estabelecido bispo da Igreja de Esmirna por testemunhas e servos do Senhor. Simultaneamente eram de igual modo conhecidos Pápias, bispo também ele, da Igreja de Hierápolis, e Inácio, até hoje afamado e que obtivera, como segundo sucessor de Pedro, o episcopado em Antioquia" (História Eclesiástica, III, 36). Por certo, a maior fonte de conhecimento sobre esse mártir são suas próprias Cartas, verdadeiros testemunhos preciosos que revelam sua vida nas entrelinhas de seus ensinamentos pastorais e doutrinais. Outros textos, mais detalhados, porém menos históricos, são recuperados da tradição e das narrativas apócrifas de sua vida.

O registro de sua permanência no episcopado de Antioquia, inclusive como segundo sucessor de Pedro naquela cátedra, é testemunhado nas listas primitivas dos pastores da Igreja de Antioquia, particularmente anotadas por São Jerônimo, quando este registrou os nomes mais ilustres e importantes daqueles séculos da Igreja cristã nascente. Entre tantos, descreve que "Inácio, terceiro bispo da Igreja de Antioquia depois do Apóstolo Pedro, condenado às feras durante a perseguição de Trajano, foi enviado para Roma e, quando chegou a sua viagem até Esmirna, onde Policarpo, discípulo de João, foi bispo, escreveu cartas a várias cidades" (São Jerônimo. De viris illustribus, 16, P.L. 23, 632-635).

A tradição manuscrita nos transmitiu três recensões das cartas. A primeira, denominada "recensio longior", refere-se às sete cartas citadas por Eusébio, de forma ampla, e acrescenta ainda mais seis cartas. A segunda é a "recensio media", que apresenta as sete cartas conforme ainda a História Eclesiástica de Eusébio, com suas devidas citações históricas. A terceira, "recensio brevissima", traz apenas três cartas citadas por Eusébio, inclusive de forma abreviada (BOSIO-CAVOLO-MARITANO, 1993, p. 90).

Em geral, os estudiosos consideram que a versão "media" é a que realmente traz os textos de Inácio, com maior segurança de sua autoria.

O Mártir siríaco dedicou sua vida ao apostolado na cidade de Antioquia e, em sua ancianidade, foi feito prisioneiro, em um período de grandes perseguições no norte da África, por razões doutrinais, agravadas pelas questões políticas de expansão do Império Romano. Naquele período de dilatação territorial romana, todo movimento social e religioso era visto como resistência aos projetos expansionistas do Império.

Sabemos que esse período de perseguição, ainda que breve, foi extremamente violento e marcado por torturas e martírios. Após esses anos de atrocidades, restabeleceu-se a paz, considerando a hegemonia de Roma sobre todas as partes do Império e a inclusão das fronteiras das principais cidades e regiões norte-africanas.

O testemunho do próprio Inácio revelou a conquista dessa paz no Império, ao escrever aos cristãos da Filadélfia que "foi--me anunciado que, graças a vossa oração e à misericórdia que tendes em Cristo Jesus, a Igreja de Antioquia da Síria está em paz" (Inácio aos Filadelfienses, 10,1).

Nesse contexto, foi condenado, e as autoridades locais decidiram que ele seria levado a Roma. Conhecemos essa notícia por ele mesmo, quando descreveu, na carta aos Efésios, que "a saber que eu vinha da Síria, acorrentado por causa do Nome e da esperança, que são comuns a nós, confiante na vossa oração para sustentar em Roma a luta contra as feras, para poder desse modo ser discípulo, vós vos apressastes a vir a meu encontro" (Inácio aos Efésios 1,2).

Mais veemente ainda é sua súplica na mesma carta quando escreveu, pensando em seu rebanho, quando foi levado pelas autoridades romanas: "Orai pela Igreja que está na Síria, de onde sou conduzido em cadeias a Roma..." (Inácio aos Efésios 21, 2).

Sua trajetória foi garantida por uma escolta militar; também estavam presentes outros cristãos condenados ao martírio. Policarpo testemunhou essa viagem quando descreveu que "de fato, como vos era conveniente, acompanhastes os que estavam acorrentados com cadeias dignas de santos, as quais são os diademas daqueles que verdadeiramente foram escolhidos por Deus e nosso Senhor" (Policarpo aos Filipenses 1, 2).

Por uma questão de logística, alguns trechos da viagem foram seguidos por via terrestre e outros por vias marítimas, como registrou na Carta aos Romanos, explicando que "desde a Síria até Roma, luto contra as feras, por terra e por mar, de noite e de dia, acorrentado a dez leopardos, a um destacamento de soldados; quando se lhes faz bem, tornam-se piores ainda" (Inácio aos Romanos 5, 1).

Tendo permanecido algum tempo em Filadélfia, partiu depois para Esmirna. Nesta cidade, foi muito bem acolhimento pelos cristãos locais, especialmente por seu epíscopo Policarpo. Recebeu a visita de uma delegação das Igrejas da Ásia, que podemos acompanhar em seu testemunho, quando agradece a misericórdia dos visitantes. Escreveu ele: "Meu espírito vos saúda, bem como o amor das Igrejas que me receberam em nome de Jesus Cristo, e não como simples viajante" (Inácio aos Romanos 9, 3). Como todos queriam receber suas bênçãos, ouvir suas palavras e manifestar solidariedade, os cristãos de todos as cidades e regiões, por onde não passaria a tropa romana com os condenados ao martírio, vinham a seu encontro. Inácio recebeu caravanas das Igrejas de Éfeso, Magnésia e Trália. Por sua descrição, vemos que ele recebeu de Éfeso a visita do Bispo Onésimo, o diácono Burrhus e três cristãos (Crocos, Euplous e Fronton). Recebeu ainda a visita do Bispo Damas, dos presbíteros Bassus e Apolônio e do diácono Zotion da Igreja da Magnésia e do Bispo Polybios, da Trália (Inácio aos Filadelfos 1, 2 – Filadélfia, 10, 2).

O tempo mais fértil no caminho para Roma foi, por certo, em Esmirna, pela acolhida do jovem bispo Policarpo e, como elemento mais concreto, foi nessa cidade que Inácio recebeu várias visitas das Igrejas da Ásia Menor. A partir das conversações, escrevia às comunidades suas cartas. Aos cristãos de Roma pretendeu anunciar a provável situação e data de seu martírio, como já estava prevista no ato de sua própria condenação.

Pelas cartas, sabemos que, depois de Esmirna, seu destino foi Troas, acompanhado do diácono Burrhus. Foi lá que ele escreveu as cartas aos cristãos de Filadélfia e Esmirna, que lhe visitaram em seu itinerário. Nessa mesma cidade, escreveu também a Policarpo, a única missiva dirigida a um personagem em particular. Seu desejo era ainda escrever outras cartas, agradecendo todas as visitas recebidas, como sinal de gratidão pela solidariedade de seus fiéis. Foi-lhe tirada essa possibilidade, uma vez que teve de embarcar para Neápolis, cidade da Macedônia antiga, abandonando a cidade de Trôade, como lemos em sua carta a Policarpo: "não pude escrever a todas as Igrejas, por causa de minha partida precipitada de Trôade para Neápolis, conforme a vontade de Deus me ordenou" (Inácio a Policarpo 8, 1).

Policarpo nos dá as notícias mais tardias sobre Inácio, quando ele escreveu aos cristãos de Filipos na Macedônia, por onde o bispo da Síria passou com seus companheiros. Inácio atravessou essa nação e embarcou em Durazzo para, finalmente, alcançar a Itália. Os pormenores de sua carta são importantes, pois indicam o martírio que Inácio deveria sofrer, imitando o Senhor (Policarpo aos Filipenses 9, 2).

Detalhes mais precisos sobre o martírio foram trazidos por Irineu de Lyon, em sua obra contra as heresias, que é um marco importante no combate ao gnosticismo e outras heresias do século II (Contra as heresias. V, 28,4). Também Orígenes citou o destino de Inácio, quando escreveu as Homilias sobre Lucas, em que relatou que ele foi entregue às feras nos espetáculos de Roma.

Os textos que explicitam o martírio de Inácio pertencem às literaturas legendárias que contam com muita licença poética os acontecimentos dos primeiros séculos. São narrativas fascinantes, como se fossem apócrifos do martírio. Sempre partindo de bases históricas, considerando que existiram os personagens e o contexto martirial, os fatos foram adornados com acontecimentos excepcionais, com licenças poéticas formidáveis, o que compromete sua veracidade. São histórias nas quais os acontecimentos miraculosos romanceiam as descrições (BOGAZ, 2022, p. 236).

Há muitas histórias que vieram da piedade popular: Santa Inês, Santa Cecília, Santo Hipólito, Santa Bárbara, São Lourenço, São Sixto, São Sebastião e inúmeros outras. Alguns textos publicados nos séculos posteriores, como, por exemplo, a obra "Martyrium Colbertinum" (Ruinart, 1689) e "Martyrium Vaticanum" (Dressel, 1857), são oriundos de narrativas tardias dos séculos IV e V, quando o grande apreço pelos mártires se tornou objeto de fantásticas narrativas cristãs, para catequizar os fiéis que passaram a viver dentro de condições favoráveis e pouco exigentes dentro do cristianismo, acolhido e protegido pelos poderes imperiais.

Para embelezar e dramatizar o grande acontecimento do martírio, o próprio São Jerônimo, exímio tradutor da Bíblia, a pedido do Papa Dâmaso, descreveu a cena martirial, em que Inácio repetiu frases marcantes de sua oferenda vital a Jesus Cristo. As narrativas corroboram a coragem que transparece nas palavras escritas pelo próprio punho de Inácio, quando acolheu com serenidade a sentença do martírio: "escrevo a todas as Igrejas e anuncio a todos que, de boa vontade, morro por Deus, caso vós não me impeçais de o fazer. ... Deixai que eu seja pasto das feras, por meio das quais me é concedido alcançar a Deus. Sou trigo de Deus e serei moído pelos dentes das feras, para que me apresente como tripo puro de Cristo" (Inácio aos Romanos 4, 1).

O mesmo São Jerônimo definiu a data do martírio de Inácio, no décimo primeiro ano do Imperador Trajano, e afirmou que seus restos mortais foram transladados para Antioquia. Em uma das homilias de São João Crisóstomo, temos registrado que o Mártir se tornou "comida para as feras" no anfiteatro, como indicação hipotética do Coliseu de Roma ou Flaviano. O texto de Inácio era abrasador, quando clamava "possa eu alegrar-me com as feras que me estão sendo preparadas" (Inácio aos Romanos 5, 2). Nesta carta, ele insistia para que ninguém interviesse a seu favor com o propósito de livrá-lo dos suplícios. Para ele o martírio era uma graça e um grande bem, um modo concreto de assemelhar-se ao Mestre. Foram testemunhas posteriores que deram indicações, ainda que imprecisas, sobre seus momentos martiriais.

A vida de Santo Inácio, além de suas cartas, com acenos mais concretos dos acontecimentos e de indicações de São Policarpo, Orígenes, São Jerônimo e São João Crisóstomo, é um conjunto de fatos mesclados com descrições legendárias, formando sua imagem de glória e santidade, que perpassa os séculos; um testemunho de fé e coragem até nossos dias.

2.7. A Antioquia de Inácio

Desde os primeiros instantes da gênese do cristianismo, os fiéis participavam das várias impressões sobre a revelação, que surgiam das diversas tendências teológicas e espirituais a partir das interpretações dos líderes e suas relações com os próprios Apóstolos e seus primeiros seguidores. A unidade essencial se realizava pela mensagem comum e pela pessoa do próprio Cristo, o vínculo entre os fiéis e as comunidades se fortalecia pelo comum destino martirial, no entanto os conflitos eram percebidos nas interpretações emanadas da mensagem e das diferentes culturas e contextos.

Podemos considerar que as comunidades mais distantes da Palestina e a relação com povos não judaicos fomentaram maior pluralidade dentro dos vários grupos comunitários cristãos. Dentro desse cenário, encontramos a cidade de Antioquia e o cristianismo que se desenvolveu em sua comunidade eclesial. Por sua relação com os denominados gentios, os cristãos foram identificados como helenistas. Os vários setores da Igreja que se desenvolveram deram aos cristãos as características básicas de sua eclesiologia, pois na realidade própria de cada comunidade foram definidas sua atividade missionária, sua exegese, sua teologia e sua espiritualidade.

Nos tempos de Inácio, segundo as Homilias do Papa Bento XVI, Roma, Alexandria e Antioquia eram as três grandes metrópoles do Império e gozavam a titulação honorífica e, de certo modo eclesiástica, de primado (BENTO XVI, 2012, p. 15).

A origem desta cidade demonstra sua importância. Fundada em 300 a.C., pelo general de Alexandre Magno, Seleuco I Nicátor, tornou-se a capital da Síria ocidental. Tendo morrido Alexandre Magno, quando o Império Macedônico foi dividido, marcou o início da dinastia monárquica dos selêucidas. Essa dinastia se estendeu sempre mais, considerando que sua posição geográfica era muito favorável, pois estava na rota comercial entre o Oriente e o Ocidente, na extremidade ocidental da Rota da Seda.

A confluência de vários povos se devia também ao comércio internacional e aos mercenários contratados pelos reis selêucidas (TENNEY, 2012, p. 234; IRVIN-SUNQUIST, 2004, p. 37.) Por sua prosperidade, tornou-se o destino de muitos imigrantes, que buscavam riquezas na cidade. Dizem os historiadores que ela chegou a ter aproximadamente 200 mil habitantes. Além do aspecto comercial, servia para o Império como cidade e localidade para suas invasões contra os partos e para controlar a Armênia e a Arábia.

As estradas romanas que passavam por Antioquia ligavam as regiões jônicas, bem como a parte interna da Ásia Menor, do Egito, da Palestina, da China, da Índia e da Arábia. Era a terceira cidade mais populosa, sendo que Roma era a maior e a Alexandria a segunda maior cidade do Império. Era também conhecida naquele tempo como "a Rainha do Oriente" (THOMPSON, 2007, p. 1507).

Nessa mesma cidade, a comunidade dos hebreus era muito grande e significativa e, com as perseguições, espalhou-se pelas cidades de toda região, onde se realizava nos trabalhos e tinha grande prosperidade. Nesses locais, todos os povos tinham liberdade para viver e possuir bens. Deles, partiam anualmente ou mesmo várias vezes ao ano a Jerusalém e praticavam seus ritos semanais e anuais. No universo antioqueno, conviviam com outros povos, denominados gentios.

Não é sem razão que Flávio Josefo afirmou que os judeus eram muito numerosos e vítimas de grandes de preconceitos e perseguições (TENNEY, 2012, p. 238). Em Antioquia, a cultura era siríaca, e muitos de seus habitantes falavam o grego. A relação tão próxima entre os judeus e os gentios propiciou as atividades evangelizadoras e as conversões. Também a situação social e econômica dos hebreus facilitava as pregações que eram realizadas pelos cristãos que haviam conhecido os discípulos de Jesus na Palestina. No entanto os judeus se acreditavam prioritários nas pregações e nos direitos das comunidades cristãs.

Os relatos de Lucas revelam com insistência esses contratempos entre os judeus e os gentios, por suas concepções cosmológicas, antropológicas e linguísticas tão distintas. Mas a fé no Ressuscitado, as perseguições e o testemunho dos convertidos serviram como caminho de superação dessas divergências. De fato, as comunidades cristãs passaram a acolher todas as etnias e as diversas comunidades humanas, sem distinção de origem, etnia e religiosidade, cujos valores intrínsecos eram incorporados como repertório cultural e simbólico pela comunidade cristã (MONDONI, 2014, p. 43).

"Tendo, pois, muitos pretendido pôr em ordem a narração dos fatos que entre nós se cumpriram, segundo nos transmitiram os mesmos que os presenciaram desde o princípio e foram ministros da palavra, pareceu-me também a mim convenientemente descrevê-los, por sua ordem, havendo-me já informado minuciosamente de tudo desde o princípio" (Lc 1,1-3).

Pedro, antes de tudo, depois Paulo iniciaram a pregação entre os não judeus e expandiram essas ideias proselitistas para as outras regiões, onde o cristianismo plantou suas tendas. Pela grande quantidade de judeus, o movimento evangelizador foi muito significativo e expansionista. Depois da morte de Estêvão, vemos que os cristãos se espalharam desde Jerusalém até o mundo antioqueno (cf. At 11,20). No contexto da cidade de Antioquia, nota-se que os convertidos de linguagem aramaica se distinguiam dos helenistas, que eram judeus que conheciam o grego e, portanto, seguiam mais livremente as tradições judaicas (cf. At 6).

Na discussão entre os judeus e helenizantes, os Apóstolos escolheram sete homens para servir aos pobres, para servir às viúvas e aos órfãos de forma justa e igual. Estudando as origens desses diáconos, podemos entender que eram oriundos de ambiente helenista. Deste modo, acredita-se que "se os Doze simbolizam Israel reunido em suas doze tribos no final dos tempos, os Sete atuam em analogia aos frutos diretivos das comunidades judaicas da diáspora" (EBNER, 2012, p. 12).

Mesmo tendo o Templo de Jerusalém como referência para todos os judeus, os que habitavam a região da Síria eram diferentes, uma vez que tinham maiores conhecimentos linguísticos, muitos nem falavam mais o aramaico e haviam se miscigenado com outras etnias com suas feições diferentes, culturas e costumes diversos. Distantes do Templo de Jerusalém, que era o núcleo central das práticas rituais, os judeus helenizantes foram se habituando a outros espaços sagrados, como a sinagoga e a prece em família.

Por certo, esse distanciamento provocou também uma ruptura com a tradição ortodoxa mais radical e deu maior liberdade de expressão da vivência da Aliança. As posturas de Jesus, marcadas por forte crítica ao judaísmo sacerdotal, mereceram-lhe perseguição para si e para seus seguidores, como aconteceu com Estêvão (cf. At 6,7). Os estudiosos acreditam que o distanciamento da circuncisão facilitou a conversão ao cristianismo e a troca desse ritual pelo do batismo. Mesmo o batismo do Eunuco (cf. At 8,26-40) foi motivado por essa passagem do ritual judaico para aquele cristão.

Sendo eunuco discriminado e impossibilitado de receber a circuncisão dos judeus, ele foi acolhido por Felipe e recebeu o batismo cristão. Os setes diáconos expandiram o cristianismo para além das fronteiras judaicas e tornaram possível uma comunidade cristã que se organizava como Igreja, com seus ritos, seus ensinamentos doutrinais e suas orientações éticas, alastrando-se para regiões mais distantes, como as planícies siríacas, incluindo Antioquia. O cristianismo se firmou como religião universal e se libertou da concepção racial ou nacionalista das outras comunidades de fé.

Nessa expansão da comunidade cristã, tanto do ponto de vista da cultura e dos ritos quanto de sua compreensão teológica, os gentios tornaram-se objeto da evangelização (At 10,9-16) e partiram para converter neófitos na região de Antioquia. Quando souberam da grande quantidade de conversões na Antioquia, os líderes de Jerusalém enviaram Barnabé para exercer seus dons de pregador e converter muitos novos adeptos da fé cristã (At 11,22).

Sendo esse Apóstolo oriundo de Chipre, estava apto para converter os hebreus helenistas. A maior concentração dos cristãos e a expansão do cristianismo passavam de Jerusalém para Antioquia, onde os neófitos eram compostos de judeus e gentios, estendendo sua presença entre todas as classes sociais. Pela história do período, particularmente no império de Cláudio, que gerou contraposições graves na ordem política, crises sociais e confrontos familiares, que levou a seu assassinato (41-

54 d.C.), sabemos que, nesse contexto de carências, inclusive a fome, foram os cristãos de Antioquia que socorreram os de Jerusalém.

Todos podiam se tornar "filhos de Deus" pelo batismo e congregar-se como seu povo, superando as limitações étnicas, sociais ou nacionais que faziam parte dos grupos religiosos daquele período, que ligavam a religião e as crenças a esses fatores humanos. De fato, Paulo e Barnabé em Antioquia iniciaram a evangelização entre judeus e gentios, indistintamente (At 11,25-26). Foi um trabalho difícil convencer muitos hebreus a aceitarem os pagãos entre seus convertidos, pois acreditavam ainda ser o único povo eleito. Aos poucos, foi se superando essa postura nacionalista.

Além disso, a comunidade cristã de Inácio tinha muitas posses e socorria os cristãos da Judeia, ganhando, por assim dizer, mais prestígio e tornando-se o centro de emanação do cristianismo, pois tinha condições de enviar e sustentar seus missionários que se espalhavam por outras cidades da África do Norte e da Ásia Menor.

Nessa forma evangelização, destacava-se a dimensão igualitária e universal da fé cristã. Assim, os cristãos eram todos igualmente membros do "povo de Deus", e o cristianismo era um convite para todos os povos de todas as etnias e de todas as classes sociais. Em Antioquia, esse se tornou o fator diferencial para todos os neoconvertidos. Barnabé e Paulo, com seu ímpeto evangelizador, perceberam que a capital cosmopolita era um contexto propício para a expansão do cristianismo até outros povos.

A pluralidade cultural e religiosa de Antioquia não se tornou empecilho, mas caminho para a expansão da religião nascente e emergente do fim do século I e nas décadas seguintes. De fato, "o pluralismo cultural e religioso enriqueceu a experiência cristã, possibilitando novas experiências religiosas, muito diferentes de sua Igreja-mãe, Jerusalém" (SCHÖKEL, 1997, p. 256).

A mudança da realidade cristã em Antioquia fez com que os convertidos entre os gentios pudessem ter a mesma importância na comunidade que os judeus helenizantes. Mais ainda, nas décadas de Inácio, os cristãos gentios passaram a ser maioria dentro das comunidades. Mesmo sendo Jerusalém a "comunidade-mãe", a força da mentalidade antioquena prevaleceu e ditou as linhas de ação da expansão do cristianismo.

Basta pensar na questão da circuncisão dos gentios, como elemento constitutivo da conversão ao Nazareno. Como era de se esperar, os judeus convertidos, particularmente entre eles os fariseus, combatiam a posição liberal e inclusiva dos antioquenos. A imagem mística do Espírito Santo era o argumento mais relevante para acolher as novidades advindas das novas etnias convertidas.

O conhecido "Concílio Apostólico de Jerusalém" (49 d.C.), em que são narrados os milagres de Deus entre os gentios, tornou-se a referência para a mudança de mentalidade (BONNEAU, 2003, p. 174.) A resposta de Tiago foi definitiva para acolher os gentios de Antioquia e de todas as regiões onde povos pagãos acolheram o cristianismo. Tiago insistiu que não devíamos perturbar os gentios que se convertiam ao Evangelho, ainda que devessem se abster das carnes contaminadas dos ídolos, das relações íntimas indevidas e das carnes de animais sufocados no sangue" (At 15,19).

A resposta finalmente veio da preleção de Pedro, que afirmou que "cremos que fomos salvos pela graça do Senhor Jesus, como também os gentios o foram" (At 15,11). A tendência para uma eclesiologia participativa e a credulidade no Espírito Santo, como força renovadora da evangelização, nascera das concepções da Igreja de Antioquia. Na verdade, a concepção paulina de cristianismo encontrou em Antioquia sua expressão mais explícita. O diálogo dos representantes da renovação de Antioquia, Paulo, Barnabé e Tito, em confronto com os representantes de Jerusalém, Tiago, Pedro e João, constituiu um conflito democrático entre duas tendências religiosas dentro do próprio cristianismo. Notamos uma equiparação entre os poderes e as autoridades das comunidades apostólicas (EBNER, 2012, p. 21).

A partir de Antioquia, decidiu-se que a nova concepção do movimento cristão determinaria que a salvação se realizaria pela graça de Cristo, não sendo necessária a intervenção ou observância da lei judaica. Para confirmar essa postura eclesiástica, definiu-se que, "com os pactos do Concílio dos Apóstolos, os primeiros grupos cristãos viram-se pressionados a desenvolver uma linguagem simbólica própria que fizesse justiça a todas as necessidades religiosas e pudesse ser partilhada por todos os membros, judeus e não judeus. O Batismo devia tornar-se, pois, definitivamente, o rito de admissão, substituindo a circuncisão. A Eucaristia devia tornar-se inapelavelmente o rito de integração, em substituição às refeições sacrificiais da tradição" (THEISSEN, 2009, p. 230).

Ao serem denominados como cristãos, os seguidores do Nazareno tomaram consciência de que não eram mais parte de uma continuação renovada do judaísmo, mas um novo grupo eclesial com potencialidade para definir os elementos constitutivos da nova religião. As novas concepções vinham das tradições religiosas judaicas, mas igualmente das religiões tradicionais greco-romanas.

Na sede episcopal do Santo Siríaco, o termo "christianói", que tem sua origem no conceito pagão "chrematízein", tornou-se público e se popularizou com o título de uma comunidade com o formato de uma ordem corporativa. Esses novos integrantes da corporação eram assumidos como seguidores ou partidários do "Christos". Encontramos assim, pela primeira vez na história dos seguidores do Nazareno, uma corporação independente dos componentes das sinagogas. Passamos a perceber os "cristãos" como uma instituição destacada das tradições judaicas e sua antiga corporação religiosa.

Se consideramos Paulo o protagonista da acolhida das culturas dos pagãos no seio do cristianismo, Antioquia é o terreno onde se fecundou esse encontro, e Inácio, o herdeiro e propagador dessa tradição. Denotamos a partir de Paulo, primeiramente, e com as cartas de Inácio, que o cristianismo antioqueno tem a habilidade de dialogar com as comunidades judaizantes e também com as comunidades helenistas. A compreensão do movimento de Antioquia abre as portas do cristianismo para a extensão do Império Romano. Os passos dessa expansão para o Oriente Médio, a partir de Antioquia, são muito mais lineares e expressivos que sua expansão para o Oriente ou a África.

Os famosos "sete" enviados a partir da decisão dos Apóstolos (At 6,3-6) abrem as cortinas do cristianismo para o mundo. Eles inauguram um importante capítulo na vida da Igreja das primeiras décadas, pois expandem-se as fronteiras do judaísmo para o helenismo, os gentios. Assim, eles unem os tementes a Deus, os judeus marginalizados e encontram os povos oriundos de outros universos cultuais (KAUFMANN et ali, 2012, p. 16).

Naquele ambiente pluricultural de Antioquia, formado por gregos, judeus, romanos, orientais e povos africanos, abre o leque de compreensão da espiritualidade do Nazareno, capaz de acolher os povos "in natura" e fecundar em suas formas culturais e linguísticas as verdades cristãs. Essa postura dos evangelizados de Antioquia promove na região antioquena a compreensão de um evangelho para todos e de Cristo, uma revelação divina universal (GIANASTACIO, 2006, p. 64).

Dessa forma, institui-se, a partir de Antioquia, uma nova comunidade de fé, desde o movimento de Jesus e independente de suas tradições, constituindo um *modus vivendi*, um corpo doutrinal e uma teologia. Essa composição eclesial que se inicia nas missões de Antioquia é sintetizada nas cartas de Inácio, que herdou, assumiu e expandiu essas proposições, permitindo que se formassem os alicerces da espiritualidade, da doutrina e da universalidade do cristianismo.

III

CIDADES ABENÇOADAS PELO SANTO SIRÍACO

Em sua inestimável obra de história, que nos esclarece eventos e situações preciosos da Igreja dos primeiros séculos, História Eclesiástica, Eusébio de Cesareia apresenta Inácio de Antioquia como o terceiro Bispo da Cidade, seguindo a ordem: Pedro, Evódio e Inácio, todos mártires cristãos. Um capítulo é dedicado a Inácio e escreve que ele, "tão célebre, ocupou a sede episcopal de Antioquia, sendo o segundo depois de Pedro" (História Eclesiástica, 3, 36). Em outra passagem, descreve que o Mártir de Antioquia sucedeu Evódio (História Eclesiástica 3, 22) e em uma obra importante, Chronicon, é mais preciso ao firmar que seu episcopado teve início no ano 70, que foi o primeiro ano de Vespasiano, Imperador Romano (Chronicon, ad. ann. 2085). Pela lógica cronológica dos acontecimentos citados, podemos compreender que Inácio esteve certamente com os Apóstolos. Essa afirmação é confirmada por São João Crisóstomo em sua obra "Homilia sobre Santo Inácio" (PG 50, 588). Também São Jerônimo retoma e confirma esse dado importante de sua relação com os primeiros seguidores do Nazareno, como podemos encontrar na obra de Eusébio (Chronicon, ad. Ann. Abr. 2116).

Como temos aprofundado, Inácio foi mandado da Síria para Roma, a fim de ser lançado como comida para as feras, por causa de seu testemunho (BOSIO-COVOLO-MARITANO, 1990, p. 88).

Eusébio descreve de forma jornalística sua trajetória: "Conta-se que foi enviado da Síria à cidade de Roma, para ser alimento das feras, por causa do testemunho prestado a Cristo. Enquanto fazia a viagem, pela Ásia, sob a maior vigilância dos guardas, fortalecia as Igrejas por meio de sermões e exortações, em todas as cidades por onde passava. Em primeiro lugar, acautelava-as contra as heresias que começavam a pulular; incitava-as a conservar firmemente a tradição dos apóstolos que, por segurança, julgou necessário fixar ainda por escrito. Estava já prestes a ser martirizado" (Eusébio de Cesareia, III, 36, 1-2). Em um olhar panorâmico sobre os textos epistolares de Eusébio, descobrimos que o cerne das heresias denunciadas pelo Santo mártir da Síria eram os erros doutrinais dos cristãos judaizantes que negavam a divindade de Jesus Cristo e sustentavam que era necessário ainda praticar os ritos antigos do judaísmo. Além disso, havia a heresia dos docetistas, sustentada pelos gnósticos, os quais negavam a natureza humana de Jesus. Essas heresias eram defendidas pelos dois grupos dos cristãos (judaizantes e gnósticos) e dificultavam a doutrina da plenitude de Jesus Cristo, como "gerado pelo Espírito Santo e nascido no ventre de Maria". De fato, dentro dos dogmas oficiais mais importantes da Igreja, temos 14 pronunciamentos dos papas, mas muitos destes não foram aprovações papais, pois, nos primeiros séculos, foram elaborados os artigos do Credo Apostólico, que é uma tradição oral, e os símbolos dos Apóstolos. (BOGAZ, 2022, p. 119).

No percurso de Antioquia, cidade às margens do Rio Oronte, que era a capital do reino helenístico da Síria, até Roma, capital do Império, Inácio escreve na primeira etapa, em Esmirna, cartas: aos cristãos de Éfeso, recordando o Bispo Onésimo; à Igreja da Magnésia, recordando o Bispo Dama; e à Igreja de Trália, na qual se refere ao Bispo Políbio. Nessa primeira etapa, escreve ainda à Igreja de Roma, palco de seu futuro martírio. Na segunda etapa, na cidade de Trôade, escreve três cartas às Igrejas da Filadélfia, de Esmirna e a Policarpo. Nessa cidade se une a dois diáconos, Filão da Cilícia e Reo Agatopodo de Antioquia. De Trôade, como vimos, parte para Neápolis, via marítima, na Macedônia. Segue seu trajeto; passando por Brindis, pela Via Ápia, uma via militar, chega à grande capital do Império Romano (BOSIO-COVOLO-MARITANO, 1990, p. 89-90). As cidades destinatárias de suas Cartas, que são as primeiras sementeiras do cristianismo, nos tempos heroicos da perseguição romana, precisam de consolo e proteção para não sucumbirem, mas também de iluminação para não serem divididas por falsos pregadores de heresias cristãs.

3.1. Filadélfia: a cidade do irmão amigo

Antiga cidade localizada na Lídia, no tempo de Inácio, localizava-se no Vale do Cogamo, no Monte Tímolus, perto de Sardes. No período imperial romano, foi um importante polo industrial, comercial e cultural na Ásia Menor. Conhecida também por atividades vulcânicas em sua redondeza, mereceu título de "terra fumegante" ou "terra queimada".

Segundo alguns historiadores, foi fundada, no ano 189 a.C., pelo rei Eumenes II, reinado de 197 a 160 a.C., originário de Pérgamo. O nome da cidade deve-se a uma homenagem que o rei quis fazer a seu irmão, Átalo II, que reinou como sucessor de Eumenes II, nos anos de 159 a 138 a.C. O título da cidade vem do pseudônimo de Átalo, "Philadelphos" (amigo do irmão), por sua fidelidade fraterna. Os romanos anexaram a cidade de Filadélfia, quando tomaram posse da região da Jônia e do Reino de Pérgamo e estabeleceram a província romana da Ásia. No período romano, pertenceu ao distrito de Sardes, sempre sob o domínio romano. Tibério, imperador romano, suspendeu a cobrança de impostos da cidade quando, no ano de 17 a.C., ela foi arrasada por um terremoto.

Por essa razão, como reconhecimento, a cidade cunhou moedas em homenagem ao imperador. Em honra ao Imperador Tibério, a cidade recebeu o nome de "Neocesarea", o que perdurou somente por três décadas. Vespasiano mudou o nome da cidade para o título de Flávia, em homenagem ao imperador Tito Flávio Sabino Vespasiano. Assim, iniciou-se um culto religioso imperial, como marca de sua dominação romana. No período bizantino, a cidade tornou-se muito importante culturalmente. Era mesmo conhecida como "pequena Atenas", pois tinha muitos templos e festivais culturais. No ano 600 d.C. aproximadamente, foi edificada a Basílica de São João. Suas ruínas ainda restam até nossos dias. Tomada pelos turcos seljúcidas no século XI, na Primeira Cruzada (1098), foi resgatada pelo Imperador bizantino Aleixo I. Declarada metrópole da Lídia pelo patriarca grego de Constantinopla, tornou-se uma cidade muito importante nos séculos XIII e XIV e, no fim do século XIV (1390), foi tomada pelos otomanos.

No texto bíblico é citada como uma Igreja de grande força pastoral. Lemos a narrativa de João: "em um domingo, fui arrebatado em êxtase e ouvi, por trás de mim, voz forte como de trombeta, que dizia: "O que vês, escreve-o em um livro e manda-o às Sete Igrejas: a Éfeso, a Esmirna, a Pérgamo, a Tiatira, a Sardes, a Filadélfia e a Laodiceia. Voltei-me para saber que voz falava comigo. Tendo-me voltado, vi sete candelabros de ouro e, no meio dos candelabros, alguém semelhante ao Filho do Homem, vestindo longa túnica até os pés, cingido o peito por um cinto de ouro" (Ap 1,11-14). A narrativa ainda continua, e, no mesmo livro da Revelação, João fala do anjo que protege a cidade: "ao anjo da igreja de Filadélfia escreve: eis o que diz o Santo e o Verdadeiro, aquele que tem a chave de Davi – que abre e ninguém pode fechar; que fecha e ninguém pode abrir. Conheço tuas obras: eu pus diante de ti uma porta aberta, que ninguém pode fechar; porque, apesar de tua fraqueza, guardaste minha palavra e não renegaste meu nome" (Ap 3,7-8). A história dessa cidade é marcada por tragédias e perseguições, mas, sobretudo, por tempos de glória e prosperidade.

3.2. Éfeso, a cidade da "Domus Mariae"

Uma das cidades mais importantes, tanto do ponto de vista econômico, político e cultural, da Grécia antiga. Localizada na costa da Jônia, tem uma história muito antiga, pois foi construída, no século X a.C., pelos gregos jônicos, perto da foz do Rio Cayster. No período áureo da Grécia, Éfeso foi uma das doze cidades da Liga Jônica. No período imperial romano, foi a segunda maior cidade do Império, depois da capital Roma. Sua população chegou a 250.000 mil habitantes no século I a.C. Alguns historiadores falam de 400.000 habitantes. Nela situava-se o Templo de Artêmis, uma das sete maravilhas do mundo antigo, a grandiosa Biblioteca de Celso e um grandioso

Teatro, com capacidade para 25 mil espectadores. Entre as comunidades citadas por João Evangelista no livro do Apocalipse, tiveram vários sínodos importantes, sobretudo o Concílio de Éfeso, em 451, que professou o dogma mariano da "Theotókos" (Maria, mãe de Deus). Dois acontecimentos minaram sua importância histórica: sua destruição pela tribo germânica dos Godos, no ano de 263, e um terremoto, no ano de 614.

O Templo de Artêmis, construído no ano de 550 a.C., aproximadamente, foi desmantelado pelos cristãos no século V, mas a cidade foi reconstruída pelo Imperador Constantino I, retomando parte de seu esplendor até ser derrocada pelo terremoto do ano 614 d.C. Por ser o palco de um cemitério de gladiadores, pois foi o local de centenas de sepulturas, denominado "Catacumba dos Sete Adormecidos", onde foram encontrados centenas de locais de sepultura e um templo dedicado à adoração ao imperador, mereceu particular atenção por João Evangelista, que escreve uma carta aos cristãos dessa cidade, como está registrado no livro do Apocalipse. O Santo evangelista elogia a grandeza da cidade por seu amor e sua fidelidade e, ao mesmo tempo, admoesta seus fiéis a permanecerem fiéis: "Ao anjo da igreja de Éfeso escreve: eis o que diz aquele que segura as sete estrelas em sua mão direita, aquele que anda pelo meio dos sete candelabros de ouro... Tens perseverança, sofreste por meu nome e não desanimaste. Mas tenho contra ti que arrefeceste teu primeiro amor. Lembra-te, pois, donde caíste. Arrepende-te e retorna a tuas primeiras obras. Senão, virei a ti e removerei teu candelabro de seu lugar, caso não te arrependas" (Ap 2,1-5). Essa admoestação do Apóstolo mostra a grandeza da comunidade e, ao mesmo tempo, sua fragilidade.

Notamos a mesma observação na carta que Inácio escreve aos fiéis dessa cidade: "De fato, existem algumas pessoas que dolosamente costumam levar o Nome, mas agem de modo diferente e indigno de Deus; é preciso que eviteis essas pessoas, como se fossem feras selvagens... Que ninguém, portanto, engane-vos assim como também não vos deixeis enganar, sendo todos de Deus" (Carta aos Efésios, 7, 2. 8, 1). Os estudiosos acreditam que as controversas filosóficas e teológicas se devessem às diversidades religiosas e culturais, como a escola de magos, de astrologia e de religiões pagãs. Por essa razão, o grande templo de Artêmis e os suntuosos palácios abrilhantavam os tempos áureos da cidade. Recordamos ainda que, como todas as cidades na Bacia Mediterrânea, Éfeso integrava elementos religiosos egípcios, romanos, judaicos e mesmo orientais, os quais se mesclavam nas tradições cristãs. Entre outras cidades, Éfeso, o grande porto da Ásia, foi um dos principais centros do cristianismo. Outros centros importantes foram Antioquia, encruzilhada de caravana e outras cidades na região (PIERRARD, 1986, p. 25). De fato, para o cristianismo Éfeso tem uma grande importância, desde João Evangelista, Paulo de Tarso, a carta de Inácio de Antioquia e a tradição que aponta como a região onde Maria, Mãe de Jesus, viveu seus últimos anos.

3.3. Magnésia e o cristianismo helênico

Uma das cartas mais extensas e doutrinárias de Inácio de Antioquia foi escrita à Igreja da Magnésia. A cidade é muito antiga e se situa na península da Anatólia. Seu nome se refere aos camponeses gregos, que vieram da Magnésia de Tessália, mas reporta-se também ao nome do Rio Meandro, pois a cidade está a suas margens. Localiza-se na interseção das cidades de Priene, Éfeso e Mileto. Magnésia foi colonizada pelos povos eólios, lídios e cimérios. Depois de séculos de invasões e novas ocupações, no século IV a.C., foi dominada por Tibrón, general espartano. Houve em seu período de dominações vários cultos pagãos, entre eles a Artêmis, Dindimene, sempre deusas-mães. Entre as várias dominações de Magnésia, citamos o domínio macedônio, pergamense, alexandrino e egípcio. A República romana tomou posse da cidade em 133 a.C. Tendo apoiado o império romano na guerra contra o rei do Ponto, mereceu o título de município romano, vale dizer, cidade livre. Uma anotação em uma moeda do Imperador Juliano III atesta que esta é a sétima cidade mais populosa da Ásia. Em seu templo pagão, hospedavam-se uma estátua da deusa Caracala e outros deuses dos cultos pagãos. Na era cristã da cidade, houve um grande florescimento do cristianismo, tendo sido sede episcopal. As dominações árabes levaram declínio da presença da Igreja cristã ortodoxa na cidade e na região. Os cultos pagãos da era primitiva da cidade de Magnésia foram muito prolíferos. Conhecemos os cultos de vários deuses e, sobretudo, o culto a Zeus Sosípolis, com um cetro e a imagem de Artêmis.

O cristianismo alcançou essa cidade, com muitas conversões, e tornou-se uma sede episcopal de grande relevância no cristianismo das primeiras décadas. Inácio se dirige a essa Igreja de Magnésia e elogia seus fiéis, porque vivem com autenticidade o cristianismo, honrando com esplendor divino a profissão de fé em Jesus Cristo (Carta aos Magnésios, 1, 1).

3.4. Trália, cidade das conquistas

Trália é uma das cidades mais antigas da Ásia Menor, no vale do Meandro. Por primeiro pertenceu à região da Cária e mais tarde da Lídia. Por sua localização e interseção de estradas da região, teve certa importância no comércio da Ásia e seu nome apareceu pela primeira vez como cidade do Império

Persa. Mais tarde, fez parte do Império de Alexandre Magno e foi conquistada várias vezes, até o ano de 281 a.C., quando foi conquistada pelos selêucidas, quando foi renomeada como Selêucia. Finalmente foi conquistada por Roma. Durante o governo do Imperador Augusto (ano 27 a.C.), a cidade foi destruída por um terremoto, mas foi imediatamente reconstruída com o nome de Cesareia.

Segundo a tradição, foi evangelizada pelo Apóstolo Felipe, um dos primeiros diáconos da Igreja que os apóstolos escolheram. Como lemos no livro dos Atos dos Apóstolos: "Por isso, os Doze convocaram uma reunião dos discípulos e disseram: 'Não é razoável que abandonemos a Palavra de Deus, para administrar. Portanto, irmãos, escolhei dentre vós sete homens de boa reputação, cheios do Espírito Santo e de sabedoria, aos quais encarregaremos deste ofício. Nós atenderemos sem cessar à oração e ao ministério da palavra. Esse parecer agradou a toda a reunião. Escolheram Estêvão, homem cheio de fé e do Espírito Santo; Felipe; Prócoro; Nicanor; Timão; Pármenas; e Nicolau, prosélito de Antioquia" (At 3,6). Muitos personagens nasceram entre seus habitantes, entre eles os escultores Apolônio e Taurisco, o arquiteto Antemio, que foi o projetista da Basílica de Santa Sofia, em Constantinopla, o filósofo Asclépio e o escritor Flegonte. Ainda existem ruínas da antiga cidade que, dada sua importância nos primeiros séculos de nossa era, foi privilegiada com teatros, templos pagãos e um estádio.

3.5. Esmirna, terra de mártires

Uma das cidades mais importantes da atual Turquia, na Região do Mar Egeu, Esmirna, tem um longo histórico de conquistas e derrotas. Foi, sobretudo, uma cidade que testemunhou grandes perseguições contra os cristãos. É uma das cidades mais antigas da bacia do Mediterrâneo, pois se formou três milênios antes de Cristo. Esmirna e Troia foram duas cidades muito importantes na antiga região da Anatólia. Segundo historiadores antigos, Esmirna foi conquistada por sacerdotisas das deusas asiáticas. Heródoto de Halicarnasso, historiador grego, afirma que Esmirna foi fundada pelos povos eólios e conquistada depois pelos jônios, que fez dela uma das cidades mais importantes da Federação Jônica. Mesmo a tradição grega, afirma que Homero também habitou a cidade. Aproximadamente seis séculos antes de Cristo, os povos Lídios conquistaram a cidade, que mais tarde foi dominada pelos persas. No século I a.C., a cidade passou a fazer parte das conquistas romanas. No Apocalipse, Esmirna é uma das setes Igrejas da Ásia, para as quais João escreve cartas de exortação e profecias. Ele assim anuncia: "E ao anjo da igreja que está em Esmirna escreve – isto diz o Primeiro e o Último, que foi morto e reviveu: eu sei tuas obras, e tua tribulação, e pobreza (mas tu és rico), e a blasfêmia dos que se dizem judeus e não o são, mas são a sinagoga de Satanás. Nada temas das coisas que hás de padecer. Eis que o diabo lançará alguns de vós na prisão, para que sejais tentados; e tereis uma tribulação de dez dias. Sê fiel até a morte, e dar-te-ei a coroa da vida" (Ap 2,9-10). João Evangelista fala da importância dessa cidade e anuncia seu tempo de perseguição e martírios.

A carta de Inácio mostra a importância da cidade para o cristianismo, e a presença de Policarpo mostra que é um centro valioso da Igreja primitiva. O domínio bizantino perdura até o século XI, quando se dá conquista selêucida. Finalmente, em 1415, cai sob o poder do sultão Maomé I e passa a fazer parte do Império Otomano e, nos séculos seguintes, torna-se um rentável centro comercial para o Oriente e toda Europa. Em nossos tempos, é uma cidade cosmopolita, com grande presença de gregos e armênios. Continua a ser a "pérola do Mar Egeu" e sobrevive na memória dos cristãos pelo martírio de Policarpo e pela carta destinada por Inácio da Síria, que ensina, sobretudo, sobre a identidade de Jesus Cristo, sua natureza divina e humana. São os habitantes dessa cidade que Inácio afirma ter Jesus Cristo, Deus, tornado tão sábios (Carta aos Esmirnenses 1,1).

3.6. Roma, cenário dos martírios

A cidade de Roma, para onde Inácio foi deportado, era muito promissora e tinha um passado de lutas e glórias em várias etapas e por vários séculos. A grande cidade do Império Romano se iniciou no século VIII a.C., com a civilização itálica, que se estendia ao longo do Mar Mediterrâneo e tinha seu centro onde viria a se formar a grande capital do Império. Segundo historiadores, foi um dos maiores impérios do mundo antigo e teve uma duração de aproximadamente doze séculos, desde sua origem, chegando a sua maior expansão, até sua decadência. Atingiu regiões da Europa, da Ásia Menor e da África do Norte. Assimilou a cultura grega e seguiu sua expansão tornando-se o centro cultural, político e social daqueles séculos de sua existência. Roma influenciou o direito, a política, as artes, a literatura, as línguas ocidentais modernas, o sistema de guerra e expansão e a forma de governo conhecida como república (res-publica).

Seus imperadores tornaram-se ícones do poder, marcado pelo belicismo, estratagemas e dominação. Vitorioso em todas as guerras que empreendeu, seu projeto de expansão não tinha limites e levou sempre seu estilo de vida e de sociedade a todos os povos conquistados, demolindo as estruturas locais e implantando seu sistema social. Sua fragmentação provocou sua decadência nos últimos séculos de sua existência.

Nesse universo, o cristianismo adentrou o Império Romano e chegou a Roma, sua grande capital que, segundo os historiadores, tinha aproximadamente um milhão de habitantes, uma megametrópole para aqueles tempos. Com o cristianismo, suas estruturas sociais foram entrando em crise, pela proposta de novos valores que envolveram os cultos, os costumes e todo o seu tecido social.

Os primeiros cristãos, sob a inspiração dos Apóstolos Pedro e Paulo, oriundos do Oriente Médio, foram se espalhando pelas cidades do Império, formando suas comunidades e chegando a Roma. A profissão de fé cristã não admitia o culto religioso ao imperador, provocando paulatinamente uma colisão entre o Estado e a religião. Um relato do confronto entre o Estado romano e os primeiros cristãos conta que o Imperador Cláudio (ano 49 d.C.) expulsou os judeus que cultuavam um tal "Cresto", vale dizer, Jesus Cristo, que provocavam tumultos nas cidades. O fato relatado nos Atos dos Apóstolos (At 18,2) tem como protagonistas Áquila e Priscila. Paulo escreveu a Epístola aos cristãos judeus e gentios de Roma (ano aproximado de 56 d.C.), animando a comunidade a ser perseverante na perseguição (Rm 1,8-16). Prisioneiro em Roma, na parceria com Pedro, Paulo escreveu as "cartas da prisão" (entre os anos 60 e 62 d.C.) para Filêmon e as comunidades dos Colossenses, Efésios e Filipenses. A grandiosidade e a perversidade de Roma lhe mereceram a crítica severa do Apóstolo Pedro (1Pd 5,13), que a tratou como a Babilônia, onde reinavam a luxúria e as perseguições cruéis aos cristãos. O Apóstolo João, em seu Livro Apocalipse (cap. 18), apresentou-a como a "Babilônia, mãe das meretrizes e das abominações da terra" (Ap 17,5-6).

A Roma dos tempos de Inácio era uma cidade promissora em grande expansão e poderio dentro do Império, que chegou a seu apogeu sob Trajano, imperador que decretou perseguição aos cristãos e que levou muitos deles às arenas, na passagem do primeiro ao segundo século.

Nesse contexto, Plínio, o jovem, procônsul da Bitínia e do Ponto, mandou executar muitos cristãos, que, segundo sua carta ao Imperador Trajano, aderiram ao cristianismo, uma superstição perversa e exorbitante" (BIHLMEYER-TUECHLE: 1964, p. 69). Nessa cidade, os martírios ganhavam contornos espetaculares, como descreveu Tácito quando narrou que o suplício dos condenados era ambientado pelos insultos e pela crueldade de cães e animais ferozes, ou pelas chamas das tochas e a crucifixão (KLEIN, 2007, p. 37). Como bem conhecemos, o Santo siríaco foi condenado à arena de Roma, por ordem de Trajano, Imperador (98-117), e foi levado para o centro do Império, como uma forma de servir de exemplo e intimidar os cristãos, e minimizar a conversão dos cidadãos ao cristianismo, que se expandia pelas cidades dominadas pelo grande Império.

3.7. Luzes e inspirações das cartas inacianas

Não se trata simplesmente de um evento casual e de um epistolário simples. Os dados históricos das cidades para as quais Inácio envia as cartas são muito significativos. São cidades com as quais o Santo siríaco tem contatos de fraternidade e de relações pastorais. Ele conhece, pelo menos por missivas e contatos indiretos, os destinatários das cartas e, mais que tudo, sabe a realidade daquelas comunidades. Em algumas passagens, sente sua dor pelas divisões internas, pela rebeldia dos fiéis a seus pastores e, mais que tudo, pelos desvios doutrinais de seus membros. Inácio coloca em luz seu próprio martírio para fortalecer os cristãos que se sentem igualmente ameaçados. De forma interna, do ponto de vista doutrinal, combate os cristãos gnósticos e docetistas que se desviam da realidade salvífica da Paixão e morte de Jesus Cristo. Ele pede paz para superar os conflitos e sabe bem que essa regeneração da unidade comunitária exige humildade e acolhimento dos pastores das comunidades. As cidades lhe parecem familiares, não do ponto de vista simplesmente geográfico e histórico, mas de sua vivência cristã. Desse modo, ele reconhece que os desvios advêm de influências religiosas, filosóficas e teológicas que invadem esses grupos de "heréticos". Suas cartas tocam o coração das comunidades e nos dão um retrato profundo de seu itinerário cristão.

IV

MÍSTICA E DOUTRINA INACIANA

As cartas de Inácio, nas quais se desvelam seus pensamentos e sua espiritualidade, seguem, em geral, uma metodologia muito característica dos primeiros escritores cristãos, quando se dirigem, por epístolas, às comunidades. Normalmente, os textos são escritos seguindo as características dos mesmos autores neotestamentários, que, depois de fundarem as comunidades, partem e mantêm seus vínculos afetivos e pastorais por meio de suas comunicações. Sempre preocupados com a fidelidade das comunidades, como forma de motivação, procuram sempre destacar a beleza comunitária em sua unidade, sua vida de oração e seu testemunho de fraternidade e caridade. Não deixam faltar as recomendações para evitar as heresias de grupos convertidos que se distanciam dos ensinamentos dos Apóstolos e passam a interpretar a mensagem cristã a partir de filosofias espúrias.

Entre os vários temas que encontramos em suas cartas, a questão da unidade é primordial, pois ela se espelha na unidade divina, bem como na unidade eclesiástica dos membros das várias Igrejas locais. Ser unido a Deus implica ser unido a Cristo, e ser unido a Cristo é estar em comunhão com o bispo, que é seu representante aqui na terra entre os convertidos. Quando apresenta as funções dentro da comunidade, deixa evidente sua constituição hierárquica. Se para a comunidade "ad extra" sua preocupação é a fidelidade ao cristianismo, enfrentando e combatendo os ataques sociais e políticos da cidade e do Império, na dimensão "ad intra", sua preocupação são as querelas e divisões entre os fiéis.

A paixão pelo Cristo leva Inácio a acolher o martírio em um misto de coragem e heroísmo, pois não quer que interfiram no processo, para não parecer ser ele um privilegiado. Se fugisse do martírio, com certeza seria uma desmotivação para a profissão de fé radical de tantos que enfrentavam a mesma sorte. Por ser um cristão ancião e pertencer à hierarquia, poderia conquistar sua defesa diante dos tribunais e conseguir que lhe concedessem o privilégio do indulto de liberdade. No entanto prefere ser como um mártir entre tantos, para encorajar muitos que deveriam percorrer o mesmo caminho. Não tem medo de morrer, pois sabe que seu sangue é um brado de fé diante dos perseguidores. Suas palavras são clamores de resistência: "Deixa-me ser pasto das feras, por meio das quais me é concedido alcançar a Deus", e continua com a mesma inspiração: "ao contrário, acariciai as feras, para que se tornem minha sepultura". (Carta aos Romanos 4,1). Escreve as seguintes palavras comovedoras: "desde a Síria até Roma, luto contra as feras, por terra e por mar, de noite e de dia, acorrentado a dez leopardos, a um destacamento de soldados; quando se lhes faz bem, tornam-se piores ainda" (Carta aos Romanos 5, 1). Assim ele revela seu desejo de aproximar-se das mesmas agruras do Cristo para suportar o martírio e identificar-se com o Mestre.

Por seu martírio, acredita se tornar verdadeiramente um discípulo de Cristo, em que o fogo e a cruz, as feras, as mutilações e todos os flagelos do diabo sobre seu corpo são instrumentos sacrificais para alcançar Jesus Cristo e ser digno de sua salvação. Se procurarmos uma palavra fundamental que englobe todos os ensinamentos de Inácio, chegaremos ao conceito de unidade, que aparece pelos menos duas dezenas de vezes em suas cartas. Seu propósito final é sempre a unidade na dimensão divina e na dimensão eclesial. Desse modo, podemos elencar alguns ensinamentos que congregam seus pensamentos, ou seja, seus ensinamentos cristãos essenciais.

4.1. A unicidade divina

Em sua carta aos cristãos da Magnésia, Inácio nos ensina que não há senão um único Deus. Ele alerta contra as doutrinas heterodoxas e fábulas, compreendidas como mitos. Devemos ser fiéis aos ensinamentos dos profetas que viveram como Jesus Cristo, que é o Verbo que vem do silêncio para a luz e que em tudo agradou a Deus Pai. (Carta aos Magnésios 8, 2). Sem maiores preocupações em demonstrar apologeticamente a unidade divina, como ocorre mais tarde com Santo Irineu de Lião, que insiste na unicidade, para combater a heresia gnóstica que defende o dualismo divino, que separa o Deus bom e o Deus criador, bem como o Deus Pai e o Deus justo, o Pai de Jesus Cristo e o Deus do Antigo Testamento, afirma Irineu: "... assim o Criador de todas as coisas, juntamente com seu Verbo, é o único a ser chamado legitimamente de Deus e Senhor, enquanto as coisas criadas não podem receber este apelativo nem se arrogar legitimamente este título..." (Irineu de Lião. Contra as Heresias. III, 8.3).

Essas intercorrências não fazem parte das discussões e pregações inacianas. Ele apenas afirma que há um único Deus, que é o Deus de Jesus Cristo, o Deus dos cristãos. Partindo dos fundamentos dos Apóstolos, sobretudo dos Evangelhos e dos Atos dos Apóstolos, para Inácio basta afirmar o Deus como Deus Pai ou o Pai de Jesus Cristo.

Se para o Pastor de Hermas, que está entre os Padres Apostólicos, a fé tem como base fundamental "antes de tudo acreditar que não existe que um único Deus, que criou e organizou o universo, fazendo passar todas as coisas do não ser ao ser, que contém tudo e ele próprio não é contido por nada" (Pastor de Hermas, Mandamento 1, 26, 1), para Inácio o propósito fundamental da pregação é "convencer os incrédulos que existe um único Deus verdadeiro, um único Deus, que se manifestou em Jesus Cristo, seu Filho" (Carta aos Magnésios 8, 2). Na mesma linha do Pastor de Hermas, o qual ensina que o cristão deve "amar a verdade e que apenas a verdade saia de sua boca, para que o Espírito, que Deus colocou em nosso corpo, seja encontrado verdadeiro por todos os homens" (Pastor de Hermas, Mandamento 3, 28, I), também Irineu insiste em uma única verdade, que garante a unidade da Igreja.

A profissão de fé de Inácio é linear. Acreditando que o cristianismo é o conhecimento de Deus e que, somente por Jesus Cristo, nós podemos conhecer o verdadeiro Deus, que é invisível, ele não se sente impelido a discussões apologéticas de convencimento, pois a evidência da divindade de Cristo dispensa debates ou contraposições. Ele indaga a comunidade de Éfeso: "Por que não nos tornemos todos sábios, recebendo o conhecimento de Deus, que é Jesus Cristo? Por que perecermos loucamente, desconhecendo o dom que o Senhor verdadeiramente nos enviou?" (Carta aos Efésios 17, 2). Por esse conhecimento pleno de Jesus Cristo, a gnose, que é o conhecimento mediante a sublevação da alma humana, é reconhecida como falso conhecimento de Deus. Como encontramos revelado no Evangelho de Mateus (11,27), somente pelo Cristo chegamos ao verdadeiro conhecimento de Deus. Com palavras carregadas de sentimentos fraternos, escreve: "Espera aquele que está acima do tempo, atemporal, invisível, mas que se tornou visível para nós; aquele que é impalpável e impassível, mas que se tornou possível por nós e por nós sofreu de todos os modos" (Carta a Policarpo 3, 2). Deus se revela em Jesus Cristo, como também professa Irineu, quando aborda, contra os gnósticos de seu tempo, o tema da economia divina (Irineu de Lião. Contra as heresias, III, 19,3). Policarpo acompanha o calvário de Inácio, seu companheiro espiritual, em Esmirna e nas estradas de Roma.

4.2. Cristo e o Pai: unidade absoluta

A convicção de Inácio, que une o Cristo ao Pai, como uma unidade consubstancial, é um dos pontos mais marcantes de sua Epístola aos Efésios, quando afirma que o Filho apareceu na forma humana, mas estava desde o princípio junto do Pai (Carta aos Efésios 19, 3). Essa revelação joanina, que aparece desde seu prólogo (Jo 1, 18), manifesta a unidade consubstancial que a Igreja proclama como dogma no Concílio de Niceia (325 d.C.) e ratifica em Constantinopla (381 d.C.), é exemplificada por Inácio ao afirmar que Jesus veio do Pai sem o deixar e voltou a Ele na mesma unidade. Os cristãos devem estar sempre unidos na fé e na caminhada de cada dia, em suas comunidades. A unidade espiritual fundamenta a unidade temporal, como verificamos quando escreve aos cristãos da Magnésia: "correi todos juntos como ao único templo de Deus, ao redor do único altar, em torno do único Jesus Cristo, que saiu do único Pai e que era o único em si e para ele voltou" (Carta aos Magnésios 7, 2).

Essa afirmação aparece no dogma da Trindade, no qual é evidente a perfeita aliança que une Deus Pai e Jesus Cristo (LEBRETON, 2005, p. 286) e é a principal motivação para a unidade dos cristãos entre si e na Igreja. A esperança de toda humanidade repousa sobre o amor de Deus Pai e seu filho Jesus Cristo, de forma unívoca e absoluta, sendo que a fonte é única para ofertar a graça para toda humanidade (Carta aos Magnésios 1, 2). Em várias passagens de suas cartas, encontramos o significado da presença de Deus e de Jesus Cristo na humanidade, que oferta a caridade, a misericórdia e a prosperidade. Inácio, quando escreve aos cristãos de Trália, demonstra seu contentamento ao testemunhar a beleza da comunidade que glorifica Jesus Cristo. Sua expressão é muito elevada: "Tendo recebido por meio de Jesus Cristo a benevolência divina, dei glória a Deus, pois constatei, como já bem sabia, que sois imitadores de Deus" (Carta aos Tralianos 1, 2). Todos os ministérios da Igreja são ofertados pela caridade de Deus, que se entrega, por Cristo, à humanidade. Sua principal referência ministerial é o ministério episcopal, segurança da unidade comunitária. Bem claras são suas palavras escritas aos cristãos da Filadélfia: "sei que o bispo, para servir a comunidade, não obteve o ministério por si mesmo, nem pelos homens, nem por vanglória, mas pelo amor de Deus Pai e do Senhor Jesus Cristo" (Carta aos Filadélfios 1, 1).

A consciência da proximidade entre Jesus Cristo e o Pai é tão intensa que o Bispo siríaco invoca equitativamente Deus Pai como o Cristo, como Senhor e Deus. Não o identifica como única pessoa, ao contrário, como duas pessoas, partilhando a mesma divindade, ao qual nós recorremos indistintamente e em que está o fundamento da missão ministerial do bispo e de todos os ministros da Igreja. Ele pede oração pela Igreja da Síria. Assim, clama, quando escreve aos cristãos de Roma: "em vossa oração, lembrai-vos da Igreja da Síria, que, em meu lugar, tem Deus por Pastor. Somente Jesus Cristo e vosso amor serão nela o bispo. De minha parte, sinto-me envergonhado de ser contado entre seus fiéis" (Carta aos Romanos 9, 1). Para a saudação na fé, ele escreve comumente em nome de Deus Pai e do Senhor Jesus Cristo.

Notamos essa sua saudação quando escreve à comunidade de Esmirna. Depois da sudação em nome de Deus Pai e de seu Filho Jesus Cristo, ele recorda a unidade entre o Pai e o Filho: "Estais plenamente convencidos de que nosso Senhor é verdadeiramente da descendência de Davi segundo a carne, Filho de Deus segundo a vontade e o poder de Deus, nascido verdadeiramente da Virgem, batizado por João, para que toda justiça fosse cumprida por ele" (Carta aos Esmirnenses 3, 1). A fórmula de saudação manifesta que a referência absoluta dos cristãos é igualmente Deus e Jesus Cristo. Em sua concepção, Deus é reconhecido, conhecido e amado no Cristo, ao qual está indissoluvelmente unido. Trata-se, como podemos hipotetizar, de uma união substancial entre o Pai e o Filho, que Inácio desvela intuitivamente, deixando-se inspirar pela luz divina do Espírito Santo.

4.3. Identidade do verbo divino

Todas as questões doutrinais são assumidas por Inácio com grande convicção. Quando trata da figura de Deus Pai, como Deus Criador e Senhor de todas as coisas, ele é sempre muito convincente e convicto, sem deixar margens para divergências ou dúvidas. Quando trata, porém, da pessoa do Cristo, suas convicções são ainda mais plenas. Sua profecia é ainda mais calorosa e procura assim argumentar sem deixar nenhuma hesitação para defender a unidade de Cristo. Ele a defende diante dos adversários que ameaçam com as propostas gnósticas a humanidade e a divindade de Cristo. Suas palavras manifestam afirmações que, mais tarde, foram consagradas pelos Padres da Igreja e dogmatizadas nos Concílios. Assim é sua doutrinação na carta aos irmãos cristãos de Éfeso: "De fato, Jesus Cristo, em sua vida inseparável, é o pensamento do Pai, assim como os bispos, estabelecidos até os confins da terra, estão no pensamento de Jesus Cristo" (Carta aos Efésios 3, 2).

Esses movimentos heréticos tinham sido muito incisivos dentro da Igreja da Ásia e se tornaram motivo de preocupação e de divisões entre as comunidades cristãs. Em Esmirna, essas discussões tinham tomado grandes dimensões. Eis a explanação da questão: "De fato, o que adianta alguém me louvar, se blasfemar contra meu Senhor, confessando que Ele não se encarnou? Aquele que assim diz o renega completamente, tornando-se portador de morte. Não me dignei escrever o nome deles, pois são infiéis. Não os recordarei, enquanto não se converterem à paixão, que é nossa ressurreição" (Carta aos Esmirnenses 5, 2). São negadores da fé ou professam uma doutrina herética, quer dizer, negando a encarnação do Verbo divino no ventre de Maria, sua natureza humana. Inácio ataca veementemente esses hereges, mesmo com agressividade, que se nota em suas comparações. Ele os trata como "cães raivosos", quando escreve aos fiéis de Éfeso: "... é preciso que eviteis essas pessoas como se fossem feras selvagens; com efeito, são cães raivosos que mordem sorrateiramente. Atentos a eles, pois suas mordidas são difíceis de curar" (Carta aos Efésios 7, 1).

Em outra metáfora, compara-os a lobos selvagens, quando escreve: "onde estiver o pastor, deveis seguir como ovelhas. De fato, muitos lobos se fazem dignos de fé, por meio de aliciamento mau, e cativam os que correm com Deus. Eles, porém, não terão lugar em vossa unidade" (Carta aos Filadelfienses 2, 1-2). São considerados ainda plantas más, não cultivadas por Jesus. Ainda para expor como Inácio se assusta com os tais heréticos, em outra carta, ele os compara a animais selvagens com figura humana. Alertando os fiéis a fugirem das heresias, revela sua preocupação nesta frase: "quero, porém, colocar-vos de sobreaviso contra as feras em forma humana. Não só não deveis recebê-las, mas, se possível, sequer encontrá-las. Somente rezem por elas, para que possam converter-se, o que é difícil" (Carta aos Esmirnenses 4, 1).

São várias as passagens e as metáforas aplicadas por ele a esse movimento herético de seu tempo. São pessoas que vêm da parte do demônio, quer dizer, como tentações do mal que aparecem para atacar. São pessoas que se dizem cristãs, usam o nome dos Apóstolos, semeiam heresias e dividem a comunidade. Inácio elogia os cristãos que não se deixam desviar do caminho e não lhes dão ouvidos (Carta aos Efésios 9, 1). Sua crítica contra os "heterodoxos" é contundente (Carta aos Magnésios 8, 1), pois os acusa de "mestre dos erros". Ele insiste: "que ninguém se engane: até para os seres celestes, a glória dos anjos, os principados visíveis e invisíveis, se não crerem no sangue de Cristo, haverá julgamento" (Carta aos Esmirnenses 6, 1). Esses falsos pregadores são capazes de induzir os fiéis ingênuos aos desvios da fé: "aqueles que parecem dignos de fé, mas ensinam o erro, não te amedrontem. Permanece firme como a bigorna sob os golpes do martelo. É próprio do grande atleta aparar os golpes e vencer... É por causa de Deus que devemos suportar tudo" (Carta a Policarpo 3, 1). O mártir de Antioquia critica as fábulas antigas e realidades da ordem superada das coisas que não correspondem à fé cristã. (Carta aos Magnésios, 8, 1). Ele está preocupado com os cristãos que se apegam a suas antigas crenças e não se abrem para a novidade do cristianismo, que supera as verdades da Antiga Aliança. Para superação da simbologia e da tradição dos antigos costumes dentro do judaísmo, ele escreve que "aqueles que viviam na antiga ordem de coisas chegaram à nova esperança e não observaram mais o sábado, mas o dia do Senhor, em que nossa vida se levantou por meio dele e de sua morte" (Carta aos Magnésios 9, 1). Os cristãos que são provenientes do judaísmo devem ser convencidos de que se iniciou uma nova era doutrinal, de que devem renovar sua vida e não podem voltar para seus antigos ritos e suas doutrinas de outrora. Na carta aos cristãos da Magnésia, o Santo Siríaco critica os cristãos judaizantes, que não se desapegam de suas antigas tradições. Suas palavras são convictas e chegam a ser amargas e proféticas: "Contudo, tornando seus discípulos, abraçamos a vida segundo o cristianismo. Quem é chamado com nome diferente deste não é de Deus". E segue em sua distinção, para aqueles tempos, bastante radical dos grupos da Aliança com Deus: "é absurdo falar de Jesus Cristo e ao mesmo tempo judaizar" (Carta aos Magnésios 10, 1-2), mas igualmente os convertidos do paganismo que se deixam ainda seduzir por seus antigos ídolos pagãos. É preciso estar atento para combater a sedução das doutrinas falsas, dentro do próprio cristianismo, pois estas desprezam a realidade dos acontecimentos históricos da vida do Salvador. Os ensinamentos de Inácio, bem como dos demais Padres Apostólicos, devem ainda hoje confrontar as teorias gnósticas que estão emergindo dentro das interpretações doutrinais cristãs, com forte tendência a rejeitar a figura de Jesus Cristo como o Verbo Divino, que adentrou a história da humanidade, a partir de sua encarnação.

Ao lado dessas provocações gnósticas, nas comunidades da Galácia e da Frígia, muitos cristãos judaizantes pregam o retorno ao universo religioso e cultural do judaísmo, na expectativa de dissolver o cristianismo dentro das práticas judaicas, como se fosse apenas um movimento religioso de restauração da Antiga Aliança. Inácio testemunha o desejo de retorno ao "sábado" como celebração semanal do mistério cristão. Ele assume uma posição que estava se tornando crucial e que vai desembocar na separação entre a sinagoga e a Igreja Doméstica (Domus ecclesiae). Assim, diz ele, "aqueles que viviam na antiga ordem de coisas chegaram à nova esperança e não observam mais o sábado" (Carta aos Magnésios 9, 1). Também devem deixar outros rituais, como o culto aos anjos, como prática religiosa do judaísmo antigo, pelo qual perdemos a dimensão do cristianismo. Afinal, ensina Inácio, o Cristo é mais que um espírito angelical, sendo mesmo o Filho de Deus humanizado (Carta aos Esmirnenses 6, 1). Essa predisposição dentro do cristianismo se refere igualmente às comunidades paulinas, que, da mesma forma, manifestam esta tentação judaico-cristã, como podemos observar na carta aos Colossenses (Cl 2,16-18). A tendência ao espiritualismo cristão, que minimiza a humanidade de Jesus, retorna nos albores do século II, demandando uma posição de Inácio e dos demais padres daquele período. Suas palavras clamam os cristãos para viver a fé em um Deus verdadeiro e encarnado, que se aproxima das realidades humanas, como diz: "são opostos ao pensamento de Deus! Não se preocupam com o amor, nem com a viúva, nem com o órfão, nem com o oprimido, nem como o prisioneiro ou liberto, nem com o faminto ou sedento" (Carta aos Esmirnenses 6, 2).

Mesmo que a cruz seja um escândalo (Gl 5,11; 1Cor 1,23), o corpo de Cristo é real, não um fantasma. Inácio afirma saber e crer que, mesmo depois da ressurreição, Jesus estava presente em sua carne. Os discípulos puderam tocá-lo e sentir sua presença real (Carta aos Esmirnenses 3, 2). A realidade de sua história é provada por seus sofrimentos, seu calvário e sua morte; são reais e não apenas aparências. Com veemência, Inácio afirma que Jesus não sofreu apenas na aparência, como afirmavam alguns incrédulos (Carta aos Esmirnenses 2ss). A preocupação com o embate diante do dualismo advindo do gnosticismo, que invadiu as formulações doutrinárias do cristianismo primitivo, garantiu que não se admitisse nenhum traço dessa heresia tão invasiva, sobretudo, no século II. Uma vez que os defensores da gnose cristã negavam a humanidade de Cristo, Inácio, ao escrever aos cristãos de Esmirna, defendia a importância da "carne de Cristo" na encarnação do Verbo. Sua proposição é uma elevada confissão da presença real de Cristo nas espécies eucarísticas consagradas. "Eles, os heréticos, afastam-se da eucaristia e da oração, porque não professam que a eucaristia é a carne de nosso Salvador Jesus Cristo, que sofreu por nossos pecados e que, em sua bondade, o Pai o ressuscitou" (Carta aos Esminienses 7, 1). Muito mais do que considerar o "corpo humano e a matéria" como um mal, o problema estava realmente na rejeição da realidade humana vivida nos sofrimentos de Cristo. A especulação gnóstica que emerge e invade as pregações cristãs e suas doutrinas pode ser definida como docetismo, que é uma heresia que considera que a encarnação do Verbo não é essencial, mas apenas espiritual. Não se trata de um problema novo para Inácio, pois João, em suas cartas, toca essas interferências gnósticas (1Jo 1,1-3; 4,1-3; 2Jo 7). De fato, nas cartas de João (1Jo 2,22-23; 4,1-3), encontramos críticas ao docetismo, doutrina que invadia as pregações dos heréticos, consistindo na negação da messianidade e da filiação divina de Jesus. Ao professarem que Jesus não é verdadeiro ser humano, abre-se a possibilidade para os fiéis viverem experiências místicas excitantes. Acreditam os docetistas que Jesus tem aparência humana. O grande defensor dessa doutrina é Cerinto, o qual afirma que "a divina essência", ou seja, o "Cristo", toma posse do corpo humano de Jesus. Essa possessão se concretiza no batismo de Jesus, e, no momento da crucifixão, o "ser divino" o abandona. A Epístola de Judas, por sua vez, não nomeia os gnósticos ou docetistas, mas denuncia "fiéis psíquicos", que são dominados por seus desejos naturais (Jd 19) (BOGAZ-COUTO-HANSEN, 2008, p. 41).

O termo "docetismo" propriamente dito não aparece nos escritos de Inácio, mas configuramos a ideia fundamental dessa heresia, que será mais tarde configurada como heresia cristológica. No entanto, quando afirma que "o Cristo não sofreu senão aparentemente", suas palavras são bem ásperas e acusativas, quando diz: "como dizem alguns desses ateus, isto é, infiéis, se Jesus sofreu apenas aparentemente, eles que vivem apenas em aparência – então, por que estou acorrentado? Por que desejar a luta contra as feras? Será por nada que estou me entregando à morte? (Carta aos Tralianos 10, 11). E suas ideias são reforçadas quando escreve um discurso semelhante aos cristãos de Esmirna: "Ele sofreu tudo isso por nós, para sermos salvos. E ele sofreu realmente, assim como ressuscitou verdadeiramente. Não sofreu apenas na aparência, como dizem alguns incrédulos" (Carta aos Esmirnienses 2, 1; 4, 2).

Afinal, Inácio insiste que, se tudo foi realizado apenas em aparência, também ele está acorrentado somente em aparência, o que é irreal. Nessa sequência, mais tarde, Irineu de Lião retoma essa discussão, pois os gnósticos voltam sempre com a mesma insistência na encarnação aparente do Verbo encarnado. Assim se expressa ironicamente Irineu de Lião: "Como pensam disputar se seu mestre não foi mais que aparência? Ou como podem obter dele certeza se foi somente aparência e não realidade? Como podem participar da salvação, se aquele no qual dizem acreditar manifestou-se de modo aparente? (Irineu de Lião. Adversus Haeresis, IV, 33, 5). Inácio, para confirmar a encarnação carnal do Verbo Divino, serve-se de expressões importantes como nascimento virginal, a morte sob Pôncio Pilatos e a ressurreição do Filho de Deus. (Cartas aos Tralianos 9, 1-2; aos Esmirnenses 1, 1-2; aos Magnésios 11).

Essa explanação da história humana de Jesus aparece mais tarde na formação doutrinal do Símbolo Apostólico. Assim, a tradição nos ensina que, depois de apresentar a identidade de Jesus Cristo, encontramos seus passos históricos, como seu padecimento sob Pôncio Pilatos, pois esse anúncio nos mostra que Jesus Cristo assumiu a realidade humana até sua morte na cruz entre os pecadores e a descida à mansão dos mortos" (BOGAZ-COUTO-HANSEN, 2008, p. 57). Estamos diante de uma tradição originária dos apóstolos, que é uma forma litúrgica e canônica pela qual os neófitos são incorporados à comunidade de fé dos cristãos.

Encontramos, nessas fórmulas batismais e eucarísticas, as bases da doutrina trinitária que comporá o "símbolo dos apóstolos". As expressões iniciais de Inácio servem para a composição do credo cristão definitivo, séculos mais tarde.

A dificuldade histórica para compreender a plenitude da pessoa de Cristo em suas duas naturezas retoma o nascimento, a vida e a ressurreição de Cristo como eventos históricos, quer dizer, muito além de uma fábula ou ilusão, uma realidade sólida e consistente. Impossível pensar o cristianismo sem a concreta encarnação do Filho de Deus, que funda toda esperança cristã. Quando escreve aos cristãos de Trália, sabemos que a realidade da entrada de Jesus Cristo no mundo é muito mais que uma aparência. Como Jesus viveu e morreu em sua vida histórica, os cristãos combatem as feras e enfrentam a morte.

A presença de Cristo na história da humanidade dá sentido à compreensão de que Ele viveu historicamente no seio da humanidade. Esse é o lamento de Inácio, diante dos hereges do docetismo impregnado entre os fiéis por falsos pregadores. Ele contesta: "será que por nada estou me entregando à morte? Então, estou mentindo contra o Senhor" (Carta aos Tralianos 10). A certeza da presença real, temporal e física de Jesus Cristo é a motivação para que viva para Ele a ponto de participar de seu martírio na cruz, assumido por sua morte pelas feras na arena de Roma.

4.4. A carne de Cristo unida ao Pai

A grande questão entre os primeiros cristãos consiste em compreender que o "Cristo ressuscitado" é um ser humano em plenitude, nascido da estirpe humana de Davi, segundo a carne, em uma realidade plena da existência humana. Assim Inácio escreve aos cristãos de Esmirna, quando se refere à oferta concreta de Jesus no calvário: "se isso foi realizado apenas em aparência por Nosso Senhor, então eu também estou acorrentado em aparência. Então, por que me entrego à morte, ao fogo, à espada, às feras?" (Carta aos Esmirnienses 4, 2). As origens históricas de Jesus, reveladas em suas genealogias, são destacadas por Inácio para comprovar seu pleno nascimento na carne. Ao falar da economia da salvação, que para ele passa pela encarnação de Jesus Cristo, Inácio lembra que a redenção da humanidade consiste na fé e no amor a Jesus Cristo, pois os cristãos se "reúnem na mesma fé em Jesus Cristo, da descendência da Davi, segundo a carne, filho de homem e filho de Deus, para obedecer ao bispo e ao presbitério, em concórdia estável, partindo o mesmo pão, que é remédio de imortalidade, antídoto para não morrer, mas para viver em Jesus Cristo para sempre" (Carta aos Efésios 20, 2).

O mártir da Síria, em seu calvário pelas estações das cidades, por onde passa e encontra tantos fiéis solidários, vive o drama de Jesus Cristo e confirma sua esperança. A força da encarnação é revelada por Paulo, quando escreve aos cristãos de Roma, afirmando "este Evangelho Deus prometera outrora por seus profetas na Sagrada Escritura, acerca de seu Filho Jesus Cristo, nosso Senhor, descendente de Davi quanto à carne, que, segundo o Espírito de santidade, foi estabelecido Filho de Deus no poder por sua ressurreição dos mortos" (Rm, 1,3).

A passagem da atroz Crucifixão de Cristo é a comprovação que ele viveu as realidades humanas em sua carne (Carta aos Esmirnenses 1, 1). Seus ensinamentos e suas atividades despertaram oposição das lideranças religiosas judaicas, especialmente os fariseus, que pregavam uma rígida observância da Lei. Desse modo, as autoridades religiosas judaicas entregaram Jesus ao poder romano, e ele sofreu a morte violenta, o suplício da cruz. (KLEIN, 2007, p. 27). Depois de sua ressurreição, Jesus aparece como um ser carnal, dando a prova cabal de sua existência na carne, como observamos nos escritos de Inácio, que se baseiam fortemente nas Sagradas Escrituras: "depois de sua ressurreição dos mortos, ele comeu e bebeu junto com eles, como um ser de carne, embora espiritualmente unido ao Pai" (Carta aos Esmirnenses 3, 3). A base bíblica para Inácio apresentar e defender a dimensão de Jesus verdadeiramente encarnado se encontra na pregação dos Apóstolos, a qual apresenta Jesus ressuscitado, que veio ao mundo em todas as condições humanas (At 10,41). O termo bíblico que designa a realidade humana da carne (sarx, do grego) vai muito além da concepção paulina, pois trata-se de um corpo real, encarnado, que é tocado pela fragilidade da miséria desta "carta de pecado", como se pudéssemos dizer uma carne pecável, mas que, pela graça de Deus e pela força do espírito, vence todo mal. São Paulo nos ensina, com muita clareza, sobre a encarnação do Verbo divino: "A Lei do Espírito de Vida me libertou, em Jesus Cristo, da Lei do pecado e da morte. Enviando, por causa do pecado, seu próprio Filho em uma carne semelhante à do pecado, condenou o pecado na carne, a fim de que a justiça, prescrita pela Lei, fosse realizada em nós, que vivemos não segundo a carne, mas segundo o espírito" (Rm 8,3). A expressão "o Verbo se fez carne" tem a plenitude da concepção inaciana da pessoa de Jesus Cristo, ou seja, a plenitude de suas naturezas (LEBRETON, 2005, p. 146-147).

Inácio apresenta, no mesmo desvelamento da compreensão da pessoa do Filho de Deus, a natureza divina com todas as prerrogativas e todos os privilégios. Insiste ainda na plenitude de Cristo, que se completa em seu espírito. Em Jesus de Nazaré, é real sua realidade superior e supra-humana, que é seu "pneuma". Quando falamos em pneuma nos escritos dos primeiros padres da Igreja, compreendemos sua natureza divina, que integra a natureza humana de Jesus. Na "carne" de Cristo, isto é, em sua natureza humana, vive, convive, sofre e mesmo passa pela morte seu espírito divino, que é mesmo sua natureza divina, plenamente unida a seu Pai (Cartas aos Esmirnienses 3, 2; aos Esmirnienses 3, 3; aos Magnésios 1, 2). Sendo divino, Jesus é Filho de Maria, filho do homem e também Filho de Deus. Assim descreve aos cristãos de Éfeso: "sobretudo, se o Senhor me revelar que cada um e todos em conjunto, na graça que provém de seu nome, vos reunireis na mesma fé em Jesus Cristo da descendência de Davi, segundo a carne, filho de homem e filho de Deus para obedecer ao bispo e ao presbitério, em concórdia estável, partindo o mesmo pão, que é remédio de imortalidade, antídoto para não morrer, mas para viver em Jesus Cristo para sempre" (Carta aos Efésios 20, 2). Como tal, seus sofrimentos e sua paixão são aqueles de um Deus, pois os cristãos são vivificados por seu sangue (Carta aos Efésios 1, 1), como encontramos na passagem dos Atos dos Apóstolos, quando professamos que o sangue de Cristo é sinal de vida para toda humanidade. Todos os cristãos que acolhem o martírio como a causa de sua vida são imitadores da Paixão de Cristo. O que nos congrega é nossa unidade com o ser de Cristo. As dores da carne de Cristo são os sofrimentos de Deus.

Para Inácio, carne e espírito, que são duas realidades, mais tarde compreendidas como natureza humana e natureza divina, unificam-se no mesmo Cristo, filho de Deus; é um clamor contra o docetismo, que minimiza a dimensão humana do próprio Senhor. Em Santo Inácio, encontramos várias expressões que revelam a riqueza e a complexidade da fé cristã e alerta contra pregadores que não assumem a humanidade de Cristo, pois são afetados pelos pensamentos gnósticos do período. Como vimos, quando tratamos das lutas anti-heréticas, Inácio os compara a "cachorros raivosos, cuja mordida é difícil de sarar" (Carta aos Efésios 7, 2). Para a cura desse mal, é preciso o "Cristo médico", que cura os males do corpo e do espírito, uma vez que é médico da carne e da alma, uma vez que o próprio Senhor é carnal e espiritual. Podemos atribuir a Inácio alguns conceitos fundamentais da identidade de Cristo, que integram sua humanidade e sua divindade, sejam a dimensão carnal e a espiritual; seu nascimento de Maria e o nascimento de Deus; bem como sua mortalidade como ser humano e sua vida imortal por sua natureza divina. Essa unidade, que chamaremos substancial na definição da doutrina cristã, integra os elementos opostos, como dois elementos de sua composição humana e divina. Como espírito, participa de sua natureza divina, não engendrado e não criado e, como ser humano, é engendrado, filho de Maria, da qual toma a humanidade.

A divindade de Cristo, na interpretação de Inácio de Antioquia, é compreendida no âmbito de sua ressurreição gloriosa. Incompreensível dentro do contexto de sua humanidade, em que a morte é vitoriosa, torna-se uma via verdadeira diante de sua divindade. A ressurreição é a manifestação definitiva e suprema da divindade de Jesus Cristo. Essa concepção é uma herança dos Apóstolos, quando, em sua pregação, Pedro exclama que "Deus fez Senhor e Cristo a Jesus que vocês crucificaram" (At 2,36).

São Paulo, por sua vez, quando escreve aos Romanos, reafirma essa revelação que vai se tornando cada vez mais a convicção mais elevada dos primeiros discípulos: "Jesus, nascido de Davi, segundo a carne, foi constituído Filho de Deus pela força do espírito de santidade, por sua ressurreição dentre os mortos" (Rm 1,3-4). A mesma proposição da fé na presença divina na pessoa de Jesus encarnado se encontra na carta aos Filipenses, pois também se revela que Jesus Cristo, em sua condição divina, assume nossa humanidade (cf. Fl 2,9). Por certo, é preciso frisar que a divindade de Cristo não tem seu início com a ressurreição, mas tem, nesse evento salvífico, sua plenitude, que se revela aos Apóstolos e paulatinamente a todo o povo. Desde então, eles entendem que Deus o constitui como Filho de Deus, Senhor e Cristo. Nessa linha de reflexão, Inácio escreve aos Efésios elevando a fascinação dos discípulos na manhã do primeiro dia daquela semana pascal. Essa grandiosidade do evento pascal toca os primeiros cristãos e é transmitida sem cessar a todos os grupos de neófitos que se seguem. Não se encontram contradições entre sua condição humana e sua natureza divina, uma vez que os escritos inacianos não denunciam contraposição entre estas duas naturezas na pessoa de Cristo, mas uma unidade indivisível e absoluta.

Na mesma linha, encontramos a carta a Policarpo, que revela que, em Jesus Cristo, o invisível e eterno se encontrou no visível e temporal. Quando escreve a Policarpo, para confirmar ainda a humanidade de Cristo, Inácio insiste que "Jesus vive toda vicissitude, atemporal, invisível, que para nós se faz visível, impalpável, impassível, que por nós se fez passível, que por nós sofreu de todas as maneiras" (Carta a Policarpo 3, 2). Retoma aqui a passagem de Paulo, quando escreve aos Filipenses, professando que Ele existe na forma divina (morphè) e se faz um de nós, na condição humana (cf. Fl 2,6). Sendo eterno, imutável e invisível, não se apega a esses atributos divinos e se reveste de nossa humanidade por nós e, dentro da história, assume nossa natureza, sujeito a toda realidade humana e seu sofrimento. Desse modo, Jesus é "'Deus na carne' e 'filho de Deus', junto ao Pai, antes de todos os séculos e por fim se manifestou" (Carta aos Magnésios 6, 1) e ao fim se manifestou em plenitude na ressurreição.

Anterior a todos os seres, desde o princípio, esteve e está eternamente em Deus Pai, Ele é o pensamento de Deus Pai (Carta aos Efésios 3, 2). Não temos dúvida de que Santo Inácio contempla o Verbo, que é o Cristo encarnado, que é engendrado e sai de Deus Pai, como ele repete, sai do silêncio de Deus. Pode-se dizer com o Santo Siríaco que ele é uma manifestação do silêncio e do respiro de Deus. "Jesus Cristo vos manifestará que estou falando sinceramente. Ele é a boca que não mente, pela qual o Pai verdadeiramente falou. Rogai por mim, para que eu alcance a meta. Não vos escrevi segundo a carne, mas conforme o pensamento de Deus" (Carta aos Romanos 8, 2). Nessa dimensão da existência do Filho de Deus, estamos compreendendo a manifestação na "carne", ou seja, na história, na realidade concreta material. A unidade com o Pai se efetiva, pois a existência carnal de Cristo se une a Deus pelo espírito (Carta aos Esmirnenses 3, 3), como se repete ainda em sua carta aos cristãos da Magnésia, quando professa que "Jesus Cristo emanou do Pai, Ele era único e retornou a seu seio na ressurreição" (Carta aos Magnésios 7, 2). Dessa forma, a profissão de fé na relação Cristo-Deus significa a "unidade de Cristo e a unidade do Filho com seu Pai". Essa proposição inaciana antecipa e anuncia todas as proposições conciliares que definiram a identidade do Filho em si mesma e no seio da Trindade, como encontramos nas profissões de fé posteriores, em Niceia e Constantinopla. Como lemos, o primeiro Concílio da Igreja, em Niceia (325), convocado pelo Imperador Constantino I, foi presidido por Alexandre, bispo de Alexandria. Os temas tratados foram: em primeiro, o arianismo, mas também a celebração e a organização do cânon, o batismo de heréticos e o estatuto dos prisioneiros da perseguição de Licínio (BOGAZ, 2022, p. 100). Em Constantinopla, confirmou-se a doutrina trinitária que será a profissão de fé consagrada para sempre para os cristãos.

4.5. Unidade de Cristo e dos cristãos

Cristo é a referência absoluta para todos os argumentos e temas de nossa fé cristã. A compreensão de sua identidade é fundamental para Inácio, como também sua unidade com o Pai. As cartas da viagem de nosso Santo aprofundam ainda nas entrelinhas a unidade entre Cristo e os cristãos. Jesus, em sua plenitude, carne/corpo e anima/espírito, é o caminho de salvação para todos os cristãos. Essa unidade plena possibilita-lhes adentrarem o Cristo em sua humanidade e, em sua divindade, adentrar o próprio Deus. Passando pelas vicissitudes humanas, em sua morte, entendida como passagem para a imortalidade, ele se torna um caminho verdadeiro, a fonte da vida e o princípio inseparável de nossa vida. Nesse sentido, encontramos muita similitude entre Inácio e os textos de João Evangelista, provando assim que houve uma relação de discipulado muito importante, que deixou influências muito significativas.

Na "cristologia encarnada" de Inácio, a vida de Jesus, em toda a sua existência, incluindo suas ações mais humildes e as mais "carnais" tornam-se a expressão de uma vida espiritual, pois Deus fez tudo por meio de seu Filho. Como podemos ler na carta aos Efésios: "os carnais não podem praticar obras espirituais, nem os espirituais, obras carnais, como nem a fé pratica as obras da infidelidade nem a infidelidade as da fé. Mas também aquilo que praticais, segundo a carne, é espiritual, pois fazeis tudo em Jesus Cristo" (Carta aos Efésios 8, 3). Cada fiel cristão caminha na busca de uma vida nova, que tem como fonte e princípio o próprio Cristo. Essas proposições inacianas encontram em Paulo sua inspiração (Rm 5,10; 2Cor 4,10; Cl 3,4), mas sobretudo em João, que, como temos visto, teria sido o grande mestre espiritual de Inácio. Quando Inácio afirma que Cristo é a vida do cristão, seja, sua vida eterna, como aparece em suas cartas com frequência, como podemos encontrar nos ensinamentos aos cristãos da Magnésia: "honrado com um nome de esplendor divino, nos grilhões que carrego, canto as Igrejas nas quais desejo a união da carne e do espírito de Jesus Cristo, que é nossa vida para sempre, a união da fé e da caridade, a qual nada supera, e, para dizer coisa ainda mais sublime, a união de Jesus e do Pai" (Carta aos Magnésios 1, 2). "Consequentemente compreendemos que Ele é a carne e o espírito, que vive perto do Pai e que é o pensamento do Pai, ao qual se une plenamente pelo espírito. Essa união se realiza em sua carne, quer dizer, sua natureza humana, como temos percebido. O cristão se une a Jesus Cristo tanto em sua morte na carne como em sua ressurreição espiritual. A partir dessa realidade, o fiel cristão vive sempre em Jesus Cristo" (Carta aos Efésios 20, 2). Mais uma vez, encontramos, no texto da carta de Inácio aos Efésios (8,2), os textos joaninos que mostram a vida eterna a partir da fé e da entrega do cristão ao próprio Cristo. Para precisar essa proximidade, reportamos o próprio texto de João, quando ensina: "do mesmo modo que o Pai tem a vida e a entrega a seu Filho... Aquele que guarda minha palavra e crê naquele que me enviou para a vida eterna passa da morte para a vida eterna" (Jo 5,21.24).

Todo cristão, pelos dons da fé e da caridade, deve estar unido pela carne e pelo espírito. Essa máxima explicita que a fé e o amor do cristão são a carne e o espírito do Senhor, sua humanidade e sua divindade, bem como sua morte e sua ressurreição. Tal verdade se define como mistério de sua encarnação redentora. O cristão que professa esse mistério da fé deve sempre renovar sua vida no "sangue de Cristo, que transforma a história humana, pois, "sendo imitadores de Deus, reanimados no sangue de Deus, levamos à plenitude a obra que Deus realizou em todos os seus filhos" (Carta aos Efésios 1, 1). Em uma ação divina, a fé e a caridade se unem à carne e ao sangue do Senhor e se tornam caminho de salvação para a humanidade. Insiste Inácio, com estas palavras: "Adotai, pois, a mansidão e renovai-vos na fé, que é a carne do Senhor, e na caridade, que é o sangue de Jesus Cristo" (Carta aos Trallianos 8,1). Pela autenticidade dessa união de Cristo e de seu fiel, esse deve manifestar ao mundo o espírito de Deus, que habita seu coração. Uma vez sendo a habitação do espírito, o cristão não pode mais viver segundo a carne, pois não é mais guiado pelo espírito carnal, mas segundo o espírito que vem de Jesus. Tendo sido tomado pelo espírito de Jesus, a atitude do cristão não é mais guiada pela carne, pois seus sentimentos são possuídos pelo próprio Jesus (Carta aos Magnésios 6, 2). Nesse sentido, toda a sua vida e mesmo suas ações mais simples se tornam uma vida espiritual, pois ele faz tudo em Cristo. O testemunho do escravo convertido, Onésimo, torna-se uma referência para a vida em Cristo e a fraternidade entre os cristãos. Inácio tem a consciênciade de que Jesus Cristo é a verdade plena da vida de seus seguidores: "de fato, porém, o mesmo Onésimo exalta vossa boa disciplina em Deus, dizendo que viveis todos conforme à verdade e que entre vós não há heresia que chegue a tomar pé. Antes pelo contrário, a ninguém mais prestais ouvido, a não ser a Jesus Cristo, que fala na verdade" (Carta aos Efésios 6, 2). Toda a vida dos cristãos deve caminhar na direção da unidade carnal e espiritual do Senhor, em que se realiza a unidade em Cristo e no Pai. De fato, unido a Cristo pela fé e por sua vida, cada cristão se une ao Pai em carne e espírito.

4.6. Unidade dos cristãos na Igreja

Somos chamados a ser Igreja em Cristo e n'Ele a ser uma família de Deus. Para vivermos em comunidade, devemos viver segundo o amor de Deus e não segundo as leis humanas. Somos imitadores de Cristo, que nos une a Deus e nos faz irmãos (Carta aos Tralianos 1, 2; 2, 1). Inácio retoma o apelo de João, que anuncia a união de Deus com seu Filho: "igualmente devemos ser imitadores de Jesus Cristo, como Ele é imitador de seu Pai" (Carta aos Filadelfienses 7, 2; aos Efésios 10, 3). Os cristãos devem se deixar invadir pela paixão de Deus (Rm 6,3). Em seu testemunho, a morte é muito mais que o testemunho da verdade, nem um gesto supremo de amor; a morte é uma reprodução da morte de Cristo".

A unidade dos cristãos com Cristo tem como evidente consequência a unidade dos cristãos entre eles. As cartas de Inácio demonstram sua grande devoção pela unidade dos cristãos, entre eles e com seus guias espirituais, evitando as fragmentações dentro da comunidade. O perigo das divisões, provocadas pelos heréticos, exige precaução por parte de Inácio. Os desvios doutrinais deterioram a pureza do Evangelho. São sementes de morte entre os cristãos, porque dividem o rebanho do Senhor (Carta aos Filadelfienses 2). A grande tragédia da comunidade cristã está em sua divisão, pois divide os grupos e diminui seu fulgor diante da sociedade. Quando a comunidade da Filadélfia está convivendo com divisões internas, Inácio clama pelo espírito, como se fosse a voz de Deus. Seu clamor é cheio de dramaticidade e, ao mesmo tempo, de confiança: "Amem a união, fujam da divisão, sejam imitadores de Jesus Cristo, como Ele é imitador de seu Pai" (Carta aos Filadelfienses 7, 2). A fonte e a inspiração da união dos cristãos como um único corpo é a própria Trindade divina. A garantia dessa unidade vem da caridade, uma caridade que transforma e que vai ao encontro dos irmãos mais pobres. A dedicação aos pobres em todas as suas classes, sejam órfãos, viúvas, estrangeiros, famintos e encarcerados, une a comunidade em um só coração e na participação do serviço aos irmãos (Carta aos Esmirnenses 6, 2). Inácio se preocupa e fica indignado com os orgulhosos que promovem divisões, com os heréticos que negam o dom de Deus, afastando-se dos irmãos, dos responsáveis e do próprio altar da eucaristia. Buscando nos testemunhos dos primeiros tempos, como tantas vezes ocorria nas pregações e nas cartas dos discípulos, Inácio recorda a fraternidade e a caridade. Para as comunidades, para as quais o Cristo é o Senhor e a verdade, a lei, a unidade da fé e da vida, revela o amor a Jesus Cristo. A unidade proporciona a comunhão e a partilha dos bens espirituais, sobretudo as virtudes teologais, que estão no coração da Santíssima Trindade (Carta aos Magnésios 13).

A Igreja é uma realidade espiritual, mas sua expressão é visível e deve ser organizada ao redor dos bispos e externar o amor entre seus membros. A organização da Igreja, que está crescendo diante do mundo helenista, exige maior rigor na formação e na convivência de seus membros. Os santos são os grandes testemunhos da unidade, pois eles se encarnam em uma sociedade visível, em harmonia com a organização hierárquica que é, ao mesmo tempo, testemunha dos valores cristãos e autoridade que integra todos os filhos da Igreja. Para esta hierarquia, em seu ápice, está a figura do bispo com suas qualidades pessoais, sua idade e seu mérito. Ele é o representante de Deus, custódio visível da Igreja (Carta aos Magnésios 3, 1-2). A autoridade do bispo é derivada da missão dos próprios apóstolos (Carta aos Efésios 6, 1). Ele é a imagem visível do Deus invisível (Cartas aos Magnésios 6, 1; aos Tralianos 3, 1). O bispo está no meio de colégio presbiteral, como Jesus Cristo ou como o próprio Deus, no meio dos apóstolos (Cartas aos Magnésios 6, 1; aos Tralianos 2, 1-2). Como Cristo é o pensamento de Deus, o bispo é o pensamento de Jesus Cristo (Carta aos Efésios 3, 2). No bispo está o espírito de Jesus, e sua autoridade vai muito mais além que a garantia da unidade visível da comunidade. Ele deve conservar a integridade da fé e dos valores cristãos, pois é uma autoridade espiritual que garante a presença de Jesus Cristo. Quando falamos da religião espiritual, não contrapomos à autoridade da religião, uma vez que a religião espiritual é o carisma e a autoridade da religião garante a unidade visível da comunidade de fé. Não são elementos contraditórios, mas dois bens que se integram para vivificar e unificar os cristãos.

Ao refletirmos sobre essas posturas hierárquicas de Inácio, somos levados a pensar que seus escritos priorizam as estruturas da comunidade. Ele é um místico da espiritualidade, mas tem seu coração na realidade e possui grande discernimento diante das questões concretas das divisões internas da comunidade. Podemos comprovar que ele é um teórico da autoridade episcopal, quando recordamos sua intervenção na Igreja de Filadélfia. Ele é categórico: "submetam-se ao bispo" (Carta aos Filadelfienses 7, 2).

Ao redor do Bispo, encontramos os padres que o circundam, como o colégio dos apóstolos circundava o próprio Cristo (Cartas aos Magnésios 6, 1; aos Tralianos 3, 1). Não servidores da comunidade, antes são servidores do Senhor, para juntos constituírem uma verdadeira assembleia e, assim, governarem, e administrarem o povo de Deus. Os presbíteros, normalmente pessoas mais anciãs e reconhecidas pela santidade e pela sabedoria, unem-se ao Bispo para dar vitalidade e proteger os fiéis que se convertem a Jesus Cristo. Como consequência eclesial do "epíscopo", que tinha o lugar de Jesus Cristo, o presbitério representa em cada Igreja particular a missão que lhes é entregue pelos apóstolos. Em palavras mais simples, os bispos servem a comunidade como o próprio Cristo e o representam em sua missão de celebrar e administrar; os presbíteros representam seus apóstolos. Cada Igreja particular é assumida como se fosse a atualização da comunidade primeira dos Evangelhos: "o Cristo e seus discípulos instituindo o Reino de Deus e congregando a comunidade dos fiéis, que seguiam numerosos o Senhor" (Carta aos Filadelfienses 4, 1). Aos poucos, a figura do bispo se distingue do ministério dos presbíteros. Buscamos compreender a formulação das funções dos ministérios primitivos na Igreja, aprofundando as ações dos mesmos Apóstolos na organização estrutural das primeiras comunidades. De fato, desde os primeiros momentos da fundação das comunidades, os presbíteros atuavam sob a autoridade dos Apóstolos que iniciavam as comunidades e partiam em novas missões. Ao partir para novas frentes de evangelização, os apóstolos delegavam seus continuadores, como é o caso de Tito e Timóteo, que presidem as comunidades fundadas por Paulo. Eles, aos poucos, vão organizando a comunidade e assumindo as funções tipicamente episcopais. Nessa tradição, em Antioquia e nas Igrejas da Síria em geral, o "epíscopo" torna-se o depositário do Espírito e, como tal, tem a autoridade de pastor sobre a comunidade sob sua jurisdição (Carta a Policarpo 1, 5). O Bispo é o guardião da unidade e tem a prioridade para presidir e exercer a presidência das ações litúrgicas, particularmente os sacramentos da Iniciação cristã. "Neste processo eclesial, eleva-se uma das máximas de Inácio, que revela sua grande preocupação com a unidade da comunidade e a superação de divisões internas. No Bispo se encarna a Igreja, pois "onde está o Bispo, está também a Igreja" (Carta aos Esmirnenses 8,2). Não podemos partir dessa afirmação inaciana para atribuir a ele a concepção do episcopado monárquico. Nosso Santo mártir está preocupado em criar uma referência para garantir a unidade da comunidade local. A afirmação de Inácio não causa estranheza, sobretudo considerando que os Bispos tinham grande consciência de sua missão, eram os primeiros a serem perseguidos e martirizados e tinham ascendência sobre os fiéis. A busca de unidade está presente em todas as comunidades, ainda que sua formatação hierárquica seja muito diferenciada nos diversos grupos. Quando se trata de algum fiel ou mesmo algum grupo que resiste à autoridade episcopal, Inácio os critica, pois, na verdade, estão rejeitando a comunidade, com seus responsáveis, para criar grupos independentes sob nova jurisdição. (Cartas aos Tralianos 3, 1; aos Esmirnenses 8, 1).

Na concepção de Inácio, encontramos a hierarquia de três graus o episcopado: o presbiterado e os diáconos, como parte do povo de Deus a serviço dos fiéis. Ela faz com que o povo de Deus não seja um rebanho amorfo e inconsistente, que não representa mais a Igreja de Cristo (Carta aos Tralianos 3, 1). Os bispos, nos tempos de Inácio, intercomunicam-se e, ainda que os pregadores e iniciadores das comunidades sejam itinerantes, existe uma comunhão entre elas para manter a unidade. A carta de Clemente Romano aos cristãos de Corinto deixa clara a intersecção entre as várias Igrejas espalhadas pelo Oriente Médio e as preocupações com a unicidade de seus elementos constitutivos, sobretudo as doutrinas e a vida litúrgica e seus ministérios. Existe uma grande fraternidade entre as várias Igrejas, como vemos nas interferências positivas e no sustento, e uma proteção mútua entre todas as Igrejas. Há importante troca de importância entre as várias Igrejas locais. Todos se ajudam, conforme as necessidades, sobretudo em situações de pobreza, de catástrofes, de crises e de perseguições. As alegrias e as dores são compartilhadas. As Igrejas de Éfeso e de Esmirna manifestam grande preocupação quando o Bispo de Antioquia é levado por seus perseguidores para Roma. Mesmo em Roma, os fiéis se preocupam com o Bispo que está sendo levado sob algemas até a capital do Império. A acolhida e solidariedade dos romanos faz com que o Bispo siríaco se recomende a suas preces e sua proteção. A prova dessa solidariedade se demonstra quando uma Igreja perseguida é liberta. Todas as Igrejas se rejubilam de alegria. Igualmente, quando são consagrados bispos ou presbíteros, nota-se grande alegria entre as Igrejas (Cartas aos Filadelfienses 10, 1; aos Esmirnenses 11,1; a Policarpo 7,2). As peregrinações entre as comunidades são muito constantes, e a partilha de bens e as orações comuns são igualmente muito frequentes. Por certo, no período apostólico encontramos as concepções mais evidentes da catolicidade dos seguidores do Nazareno, que, aos poucos, vai se congregando como a comunidade de fé dos cristãos. Essa trajetória do cristianismo primitivo se concretiza com a unidade viva de todas as Igrejas, em uma rede de Igrejas locais, dentro do espírito universal.

A carta de Inácio, quando escreve aos cristãos de Esmirna, assume esse conceito filosófico com uma conotação mística. A universalidade não é material nem mesmo conceitual; ao contrário unifica a Igreja como uma realidade espiritual, que se concretiza na realidade das comunidades que se unificam em suas atividades próprias. A universalidade não é apenas a soma das Igrejas particulares, como se fossem filiais de uma empresa. As Igrejas particulares se unificam em uma unidade eclesial, que une os cristãos em todos os lugares da terra (Carta aos Esmirnenses 1, 2).

A Igreja concreta, comunidades alocadas em lugares e espaços históricos, congrega-se em uma Igreja espiritual, que integra todos os fiéis cristãos em todos os lugares e em todos os tempos (Segunda carta de Clemente Romano 14, 1-3). Quando falamos de uma Igreja celeste, a partir de Inácio, entendemos que Deus Pai ou Jesus Cristo são seus bispos, quer dizer, seus pastores; os Apóstolos são seu "colégio presbiteral" e a multidão, em vestes brancas (os redimidos pelo sangue do Cordeiro), são os fiéis credentes. Em uma operação inversa, os Bispos representam Jesus Cristo, os presbíteros, seus apóstolos, e o povo é a multidão redimida pelo sangue do Cordeiro. A Igreja terrestre é um reflexo ou espelho da Igreja celeste e, assim, por outro lado, a Igreja espiritual se concretiza na Igreja histórica.

Muitas análises dos textos dos Padres Apostólicos, sobretudo de Inácio, como em Clemente, encontramos alguns acenos que possibilitam a organização da Igreja com a primazia de Roma. Em Inácio, torna-se perceptível essa tendência, quando escreve aos Romanos com uma ênfase literária mais reverente, ao cumprimentar aos cristãos de Roma, como a Igreja de Pedro e Paulo, que formou todas as demais Igrejas (Carta aos

Romanos 3, 1). Fica a impressão, nas cartas de Inácio, de que a Igreja de Roma tem uma tradição mais segura que as demais comunidades patriarcais, exatamente pelo fato de que essa Igreja teve a presença de Pedro e Paulo, que sofreram o martírio (LEBRETON, T. I, 4, 2005, p. 333). Certa diferença nota-se entre as cartas às várias Igrejas e à Igreja de Roma. Ao escrever para as Igrejas, ele pede orações à comunidade, enquanto, ao escrever para Roma, pede que estejam unidos a Deus com os bispos.

4.7. Unidade sacramental e eucarística

Todos os cristãos são convocados para viver a unidade, uma vez que são batizados e são irmanados no mesmo amor de Cristo e na filiação divina. A primeira fonte de unidade dos fiéis se encontra na iniciação cristã, iniciando naturalmente pela fonte batismal. Uma vez batizados, somos uma única família, que nasce no coração de Cristo. No entanto, ao longo da própria vida, os cristãos precisam cultivar essa unidade fundada na pia batismal participando da ceia eucarística. A preocupação com a unidade é muito grande, e a Eucaristia é sua garantia e sua legitimação. Quando fala em Ação de Graças, Inácio insiste que não se pode dar Ação de Graças sem verdadeira unidade, e essa mesma unidade é a motivação mais elevada para agradecer (Carta aos Efésios 13, 11). Sem a unidade não podemos celebrar a "ação de graças", que é uma ação cultual, que faz parte essencial de uma ação reunião litúrgica. Sem a unidade entre os membros da comunidade, não podemos dar glórias a Deus. Aos poucos e cada vez com maior evidência, o termo "eucaristia" é aplicado à comemoração litúrgica da ceia do Senhor. Torna-se um termo consagrado para definir uma ação de graças, celebrada dentro de uma ceia na qual o Bispo ou o presbítero parte e reparte o pão com seus apóstolos (Carta aos Efésios 20, 2; aos Esmirnienses 8, 1). A ceia é a renovação do sacrifício e se refere ao sangue que Jesus derramou na cruz (Carta aos Filadelfienses 4, 1) e que entrega sobre o altar (Carta aos Efésios 5, 2). Ao redor do Cristo, com o bispo, diante do altar revela a unidade visível da única Igreja. Verdadeiramente, acredita Inácio que, na celebração eucarística, se revela a unidade mais perfeita (Carta aos Magnésios 7, 2).

A ceia eucarística é muito mais que uma refeição entre amigos, pois essencialmente une os fiéis na carne e no sangue do Senhor. Essa doutrina é muito clara nas páginas escritas por Inácio aos cristãos da Filadélfia. Nesse ritual, unimo-nos ao corpo e sangue do Senhor, e somente quem crê e vive em comunidade pode participar da ceia.

Entre os heréticos que rejeitam a carne do Senhor, encontramos os gnósticos, que são questionados por Inácio. Afinal, como é possível que se acredite que a eucaristia é o próprio Senhor, se esses grupos negam a encarnação de Jesus e sua dimensão carnal (Carta aos Esmirnenses 7, 1). A fé na realidade da carne de Cristo e na realidade de sua carne eucarística é complementar e consequencial. Essa presença histórica de Jesus assegura e sustenta a unidade da Igreja. O pão partido é a carne de Cristo, e Jesus Cristo, é nossa vida eterna (Carta aos Magnésios 1, 2). A Eucaristia é o remédio da imortalidade, um antídoto contra a morte (Carta aos Efésios 20,2). Por meio da Eucaristia, comunica-se ao cristão a vida do Cristo, pois por ela se exprime e se consolida a unidade dos cristãos. Todos partilhamos o mesmo pão, somos uma comunidade eucarística quando estamos unidos ao redor da única carne do Cristo e do único cálice de seu sangue. O elemento mais eloquente da fé sacramental e comunitária da doutrina cristã eucarística é a comunhão na mesma fé e na mesma esperança. Ao mesmo tempo que Inácio revela o profundo desejo de se encontrar com Cristo, como um encontro pessoal e místico, ele acredita que esse encontro se realiza dentro da comunidade eclesial e na celebração dos sacramentos.

Para Inácio, o pão eucarístico alimenta a alma e, como remédio, cura também a alma, mas o cristão deve viver em comunidade na fé e no amor. Não podemos reduzir a ceia eucarística a um ritual mágico. Somente a fé e a caridade unem os fiéis na carne e no sangue do Senhor. A metáfora de Inácio clarifica sua compreensão de ceia eucarística, pois ele ensina que "a fé é esta carne" e "a caridade é este sangue" (Carta aos Tralianos 8, 1). A carne de Cristo, sua verdadeira carne, verdadeiramente imolada, é a fé do cristão, e seu sangue aspergido é a prova suprema de um amor incorruptível (cf. Rm 7,3).

CONCLUSÃO

Trilhar os caminhos de Inácio de Antioquia é uma viagem pelos campos da Igreja primitiva, em todo o seu fulgor e em suas mais elevadas convicções proféticas. A vida da Igreja era marcada pelo sangue do martírio com todas as suas atrocidades, que afinal renderam para a comunidade cristã, em seus áureos tempos primitivos, os testemunhos mais valiosos de autenticidade e consagração total a Deus, encarnado em Jesus Cristo, para instaurar o Reino de Deus na história.

A percepção do contexto de Inácio entre os padres apostólicos nos aproximou de um universo eclesial em suas várias dimensões, sejam a vida litúrgica, a formação das comunidades, o confronto com os poderes políticos, as controvérsias religiosas e as perseguições pelo Império Romano. Todos os padres apostólicos, que são considerados "discípulos dos apóstolos", viveram experiências verdadeiras da opção cristã e iluminaram os caminhos da Igreja, para garantir sua autenticidade e sua sobrevivência em meio às fogueiras e aos patíbulos.

Entendemos que o itinerário histórico e místico de Inácio de Antioquia se integra em um contexto político e eclesial, em que as comunidades estavam se solidificando e necessitavam elaborar seus bens doutrinais, eclesiais e morais. Mais ainda, ao mesmo tempo se tornava necessária a elaboração de fronteiras doutrinais. Dessa forma, assim como os demais Padres Apostólicos, mormente Clemente de Roma, Policarpo de Esmirna e o Pastor de Hermes, o Santo Siríaco elucidou os elementos essenciais da doutrina cristã, bem como definiu as linhas divisórias do ser cristão, separando-os das demais crenças religiosas e das heresias latentes nas comunidades.

Em suas preciosas Cartas, percebe-se o mesmo estilo literário dos demais escritores patrísticos daquelas primeiras décadas da formação da Igreja nascente. De fato, a preocupação dos Padres era explicitar a fé cristã, considerando primordialmente a pessoa de Jesus e a organização comunitária dos fiéis, dentro das estruturas eclesiásticas. Dentro dessa configuração dos escritos de Inácio, descobrimos os grandes temas emergentes no cotidiano das comunidades, os quais exigem elucidações pontuais. Percebe-se que o Santo de Antioquia sempre procurou dar respostas às questões e aos dilemas emergentes daquelas comunidades. Pelas visitas que recebeu, pelas informações e por seus pastores, ele reconheceu a necessidade de esclarecimentos e de animação pastoral.

Sua vida, desde seus albores até seu martírio, projetado para as arenas de Roma, foi grandemente edificante. Seu amor pleno por Jesus Cristo, extensivo às comunidades, com seus líderes religiosos (epíscopos, presbíteros e diáconos), e sua entrega total ao cristianismo abriram seu coração ao martírio, dando sentido a sua iniciação cristã. Ainda que muitos textos da história de Inácio de Antioquia sejam tradições literárias, a concretude de sua vida é um modelo cristão que deixa marcas até nossos dias. As cartas revelam essas profundas convicções. O caminho do martírio, culminado hipoteticamente nas arenas romanas, deixou de herança ensinamentos importantes para todos os seguidores do Nazareno, que procuravam ouvir suas palavras, acolher suas orientações e receber sua bênção.

Todos os elementos revelados em suas missivas se manifestaram na perspectiva mais concreta da unidade eclesial.

É interessante notar, nas Cartas de Inácio, a interseção de vários elementos constitutivos do cristianismo, que habitaram sua inteligência, seu coração e seu espírito. Em sua inteligência, nota-se uma preocupação com a lógica doutrinal do cristianismo, na qual, mesmo estando nas décadas germinais das doutrinas patrísticas, suas reflexões apresentaram os primeiros acenos dos símbolos apostólicos que foram elaborados anos mais tarde nos escritos dos grandes Padres e nas decisões dos Concílios.

Seu coração se revelou afável, pois sua coragem e sua profecia foram nutridas, ao mesmo tempo que se nutriam, dos encontros com os fiéis das várias cidades que buscaram nele o testemunho de uma opção plena pela fé cristã. Simultaneamente, nas mesmas circunstâncias que os fiéis apareciam para lhe dar forças para seguir seu caminho, eram acalentados e fortalecidos em suas próprias dificuldades de viver o batismo em tempos cruéis de perseguição. Seu espírito foi resoluto e pleno de lucidez. Ele tinha clareza das motivações de sua entrega a Jesus; sabia por quem viveu e estava óbvio que tinha plena consciência da razão de seu iminente martírio.

Ainda que na obscuridade de alguns eclipses de sua história, sobretudo sua infância e os últimos dias de sua vida, as cartas revelam sua espiritualidade, sua visão teológica e sua serenidade diante dos infortúnios dos cristãos de seu tempo.

Antioquia e as demais cidades de passagem até Roma que estavam no roteiro de Inácio foram importantes para a história das comunidades cristãs dos dois primeiros séculos cristãos do mundo eclesial. Interessante notar que os grandes temas da Patrística se encontram no interior das mensagens das Cartas, entre eles, a unicidade divina, a filiação de Cristo e sua unificação com o Pai, a pessoa divina do Verbo encarnado, a união entre

Cristo e seus seguidores, a partir do batismo, a unidade dos cristãos, como garantia da fidelidade eclesial, e finalmente a unidade sacramental do Cristo, da Igreja e dos cristãos que acontece em todas as celebrações, sobretudo na ceia sagrada.

Para nossa Igreja, em nossos tempos, Inácio de Antioquia é uma luz. Sua vida é testemunho, sua coragem é estímulo na adversidade, sua doutrina é lúcida e coerente e seus ensinamentos nos chamam para a maior de todas as virtudes dos fiéis em nosso tempo: a fidelidade à Igreja, sob a autoridade de Pedro, em reverência com os pastores, em fraternidade entre os fiéis e solidariedade com os pobres.

BIBLIOGRAFIA

ACTA DE LOS MÁRTIRES. *Biblioteca de Autores Cristãos* (BAC), Madrid. 1987; ARNS, P. E. *Introdução. Cartas de Santo Inácio de Antioquia.* Vozes: Petrópolis, 1970.

ALTANER.B.-STUIBER, A. *Patrologia.* Paulinas: São Paulo,1988.

ARNS, P. E. *Introdução. Cartas de Santo Inácio de Antioquia.* Vozes: Petrópolis, 1970.

BENTO XVI. *Os Padres da Igreja* – I. De Clemente Romano a Agostinho. Ecclesiae. Campinas, 2012.

BIHLMEYER, K-TUECHLE, H. *História da Igreja* – I. Paulinas. São Paulo, 1964.

BOGAZ, A. S. – COUTO, M. A. –HANSEN, J. H. *Patrística, caminhos da tradição cristã.* Paulus: São Paulo, 2017.

BOGAZ, A. S. Martírio. In: *Vocabulário Teológico – Teologia Patrística.* Paulinas: São Paulo, 2022.

BOGAZ, A. S. Padres Apostólicos. In: *Vocabulário Teológico – Teologia Patrística.* Paulinas: São Paulo, 2022.

BONNEAU, G. *Profetismo e instituição no cristianismo primitivo.* São Paulo: Paulinas, 2003.

BOSIO, G-CAVOLO, E. – MARITANO, M. *Introduzione ai Padri della Chiesa.* Séculos I – II. Societá Edigtrice Internazionale. Torino, 1993.

CAIRNS, E. E. *O cristianismo através dos séculos*. São Paulo: Vida Nova, 2008.

Carta de Plínio a Trajano, X, 97 In: EUSÉBIO DE CESARÉIA, História Eclesiástica. VII. 5. In: Patrística. Paulus: São Paulo, 2000, p. 158-159.

DANIELOU, J. - MARROU, H. *Nova História da Igreja*. I - *Dos primórdios a São Gregório Magno*. Vozes. Petrópolis, 1973.

DREHER, M. N. *História do povo de Jesus:* uma leitura latino-americana. São Leopoldo: Sinodal, 2013.

DROBNER, H. R. *Manual de Patrologia*. Vozes: Petrópolis, 2008.

EBNER, M. Dos primórdios até a metade do século II. In: KAUFMANN, T; et alli (org). *História Ecumênica da Igreja. Dos primórdios até a Idade Média*. São Paulo: Paulus; São Leopoldo: Sinodal; São Paulo, Loyola, 2012.

EUSÉBIO DE CESAREIA. *História Eclesiástica*. VII. 5. In: Patrística. Paulus: São Paulo, 2000, p. 344.

MORRESCHINI, C. - NORELLI, E. *História da literatura cristã antiga: grega e latina*. De Paulo à Era Constantiniana. Loyola, São Paulo.

GIANASTACIO, V. *Uma Igreja que faz e acontece:* responsabilidade social, cidadania e serviço à luz do Novo Testamento. São Paulo: Vida Nova, 2006.

GONZÁLEZ, J. L. *História ilustrada do cristianismo. A era dos mártires até a era dos sonhos frustrados*. 2. ed. rev. São Paulo: Vida Nova, 2011.

HAMMAN. A. G. *Os padres da Igreja*. Paulus: São Paulo, 1995.

IRVIN, D - SUNQUIST, S. *História do movimento cristão mundial:* do cristianismo primitivo a 1453. Vol. 1. São Paulo: Paulus, 2004.

IRINEU, SANTO, BISPO DE LIÃO. *Contra as Heresias - Adversus Haeresis*. Coleção Patrística. Paulus: São Paulo, 1995.

KAUFMANN, T; et alli (org). *História Ecumênica da Igreja.*

Dos primórdios até a Idade Média. São Paulo: Paulus; São Leopoldo: Sinodal; São Paulo: Loyola, 2012.
KLEIN. C. J. *Curso de História da Igreja.* Fonte Editorial: São Paulo, 2007.
LEBRETON, l. *Histoire du dogme de la Trinitè,* II, 2005.
LEMOS NETO, G. *Inácio de antioquia*. Vinha de Luz: Belo Horizonte, 2022.
LIÉBAERT, J. *Os Padres da Igreja.* Loyola. São Paulo, 2004.
MONDONI, D. *O Cristianismo na antiguidade.* Loyla. São Paulo, 2014.
MONDONI, D. *História da Igreja na Antiguidade*. Loyola: São Paulo, 2011.
MORESCUINI, C. - NORELLI, E. *História da literatura cristã antiga - grega e latina. I - De Paulo à era constantiniana.* Loyola: São Paulo, 1992.
PIERRARD, P. *História da Igreja.* Paulinas. São Paulo, 1982.
QUACQUARELLI, A. *I Padri Apostolici.* Città Nuova Editriche: Roma, 1976.
SÃO JERÔNIMO. *De viris illustribus*, 16, P.L. 23, p. 632-635.
SCHÖKEL, L. A. *Bíblia do Peregrino. Edição de estudo.* São Paulo: Paulus, 1997.
TENNEY, M. C. *Tempos do Novo Testamento.* Rio de Janeiro: CPAD, 2012.
THEISSEN, G. *A religião dos primeiros cristãos:* uma teoria do cristianismo primitivo. São Paulo: Paulinas, 2009.
THEISSEN, Gerd. *A religião dos primeiros cristãos:* uma teoria do cristianismo primitivo. São Paulo: Paulinas, 2009.
THOMPSON, F. C. *Bíblia de referência Thompson.* Compilado e redigido por Frank Charles Thompson; tradução João Ferreira de Almeida. São Paulo: Editora Vida, 2007.
THOMPSON, F. C. *Bíblia de referência Thompson*. São Paulo: Editora Vida, 2007.

ÍNDICE

Este livro foi composto com as famílias tipográficas Alverata, Garamond Pro e Minion Pro
e impresso em papel Off Set 70g/m² pela **Gráfica Santuário.**